C.H.BECK ■ **WISSEN**

in der Beck'schen Reihe

AF186418

... manche konnten wegen der Wunden, die sie empfangen hatten, andere vor Erschöpfung den Kampf nicht mehr fortsetzen, wieder andere waren im Verlauf des Gefechtes von ihren Gegnern entwaffnet worden. Gab ein Gladiator auf, so stoppte der Schiedsrichter den Kampf und fiel dem Sieger in den Arm. Nun kam es zu dem Akt, der die eigentliche Besonderheit der römischen Gladiatorenkämpfe ausmachte: der Entscheidung über Leben und Tod des Unterlegenen. Die Zuschauer waren schon zuvor nicht untätig gewesen. Sie hatten ihre Lieblinge mit Klatschen, Zurufen und Sprechchören angefeuert. Nun aber hatten sie zu beurteilen, ob der Verlierer tapfer und kunstfertig gekämpft und deshalb die Begnadigung verdient hatte oder nicht ...

Christian Mann, Professor für Alte Geschichte an der Universität Mannheim, erzählt spannend und anschaulich die Geschichte der Gladiatorenkämpfe von ihren Vorläufern im etruskischen Totenritual über ihre wachsende Bedeutung in der römischen Politik bis zu ihrem Niedergang in der Spätantike und sucht nach Gründen für diese Entwicklung. Außerdem beschreibt er ausführlich die Rekrutierung, die Ausbildung und das tägliche Leben von Gladiatoren, ihre Ausdifferenzierung in verschiedene Waffengattungen und Rangklassen sowie ihre Stellung *in* der Gesellschaft und ihre Bedeutung *für* die Gesellschaft, in Rom selbst und im ganzen Imperium Romanum.

Christian Mann

DIE GLADIATOREN

Verlag C.H.Beck

Mit 14 Abbildungen und einer Karte

Originalausgabe
© Verlag C.H.Beck oHG, München 2013
Satz: Fotosatz Amann, Aichstetten
Druck und Bindung: Druckerei C.H.Beck, Nördlingen
Umschlagabbildung: © Peter Connolly / akg-images
Printed in Germany
ISBN 978 3 406 64608 9

www.beck.de

Inhalt

I. Einleitung:
Die historische Einzigartigkeit der Gladiatur

Gladiatoren haben einen festen Platz in unserem historischen Gedächtnis, ihre Präsenz in den modernen Massenmedien ist enorm: Hollywood hat das Leben und Sterben von Gladiatoren häufig zum Thema gemacht und dabei oscarprämierte Erfolgsstreifen wie «Spartacus» mit Kirk Douglas (1960) und «Gladiator» mit Russell Crowe (2000) produziert; seit 2010 sind Gladiatoren in der Fernsehserie «Spartacus: Blood and Sand» zu sehen. Kampfvorführungen in Gladiatorenrüstung bilden Höhepunkte aller Römerfeste, und am 7. Juli 2012, an einem Samstagabend zur besten Sendezeit, lieferten sich der Bodybuilder Ralph Moeller und der Boxer Henry Maske einen Showkampf als «Gladiatoren». Wie gering das Wissen um die antike Geschichte im Allgemeinen auch sein mag: Dass es im alten Rom Gladiatorenkämpfe gab, ist (fast) allgemein bekannt. Kein anderes Produkt der römischen Kultur besitzt heute eine vergleichbare Popularität.

Allerdings werden in der modernen Rezeption immer wieder dieselben Klischees produziert, und dies beginnt bereits im 19. Jahrhundert, sowohl in der Historienmalerei als auch in der Literatur: Beispiele dafür sind ein Gemälde Jean-Leon Gérômes (Abb. 1) und Henryk Sienkiewicz' Roman «Quo Vadis?» (1896). Das Geschehen im Amphitheater erscheint in beiden Werken als Entfesselung aller schlechten Triebe des Menschen, als Ausfluss von Voyeurismus und Gewalttätigkeit. Die fanatisierte Menge fordert den Tod der Gladiatoren – auch die Priesterinnen der Vesta, die in Gérômes Gemälde am rechten Bildrand zu sehen sind; dass es Frauen sind, die hier die öffentliche Tötung von Menschen verlangen, macht die Grausamkeit für die Betrachter des 19. Jahrhunderts noch abstoßender. Leichen bedecken den Boden der Arena, der Tod scheint das unausweichliche Schicksal jedes Gladiators zu sein. Im Amphitheater verdichtet sich symbolisch die Dekadenz der Römer; es bedarf ‹reiner›, von der Sündhaftigkeit der Metropole nicht infizierter Menschen von außen, um diese Dekadenz zu erkennen und zu bekämpfen: Bei Sienkiewicz sind dies die Lygier aus dem Nordosten – sie stehen symbolisch für seine polnischen Landsleute –, in «Gladiator» der Spanier Maximus. Ein weiteres Klischee ist die Entpolitisierung des Volkes durch «Brot und Spiele»: Die römischen Kaiser hätten die Menschen durch genauso prachtvolle wie grausame Schauspiele von den wirklich wichtigen Dingen abgelenkt und somit ungestört ihre Herrschaft ausüben können.

An der historischen Realität gehen diese Klischees vollkommen vorbei. Zwar waren die Gladiatorenkämpfe ohne jeden Zweifel ein äußerst grausames Schauspiel, bei dem im Verlauf von sieben Jahrhunderten viele Tausend Menschen ihr Leben verloren. Aber es handelte sich nicht um ein zügelloses Massengemetzel, bei dem es nur darum ging, in kürzester Zeit möglichst viele Menschen umkommen zu lassen, sondern um Einzelkämpfe, die genauen Regeln unterworfen waren und von Schiedsrichtern kontrolliert wurden. Und das Publikum wollte, das überliefern übereinstimmend die antiken Gewährsleute, nicht einfach möglichst viel Blut sehen, sondern einen Kampf auf hohem technischem Niveau. Die größte Bewunderung erregten diejenigen Gladiatoren, die ihre Gegner besiegten, ohne sie zu töten, und in den meisten Fällen forderte das Publikum die Begnadigung des Unterlegenen. Gänzlich falsch ist auch die Vorstellung, die Gladiatorenkämpfe hätten das römische Volk entpolitisiert, das Gegenteil ist richtig: Im Amphitheater zeigte sich die Macht des Volkes, hier trat es in Interaktion mit den Herrschern, hier nahm es direkten Einfluss auf deren Entscheidungen und erlebte die eigene Macht, indem es über Leben und Tod der unterlegenen Gladiatoren entschied. Nicht schrankenlose Gewalt wurde im Amphitheater geboten, sondern «sinnhaft gebändigte Gewalt» (Uwe Walter). Dies alles soll nicht die Brutalität der Gladiatorenkämpfe in Abrede stellen, aber davor warnen, sie einfach als Auswuchs menschlicher Grausamkeit zu erklären. Will man sie erklären und verstehen, muss man vielmehr die gesamte römi-

Abb. 1: Jean-Leon Gérôme: «Pollice Verso» (1872)

sche Kultur in den Blick nehmen, sich mit römischen Wert- und Moralvorstellungen, mit dem Selbstbild der Römer und ihrer gesellschaftlichen Struktur befassen. Nur dann kann man verstehen, warum ausgerechnet im Römischen Reich und nirgendwo sonst in der Weltgeschichte Gladiatorenkämpfe entstanden.

Denn die römischen Gladiatorenkämpfe sind ein einmaliges Phänomen, sie finden keine Parallelen in anderen Kulturen und anderen Epochen. Tödliche Zweikämpfe waren in der Geschichte weit verbreitet, man denke nur an die Duelle im neuzeitlichen Europa, und Todesfälle bei sportlichen Wettkämpfen sind aus der griechischen Antike wie aus der Moderne bekannt. Das Besondere der Gladiatorenkämpfe aber bestand darin, dass *nach* dem Kampf darüber entschieden wurde, ob der Unterlegene zu begnadigen oder zu töten sei. Es stand also zur Debatte, welche Eigenschaften ein Mann an den Tag legen müsse, um auch nach einer Niederlage noch weiterleben zu dürfen, und daraus resultiert die enorme symbolische Bedeutung der Gladiatorenkämpfe in der römischen Gesellschaft. Aus diesem Grund handelt es sich auch nicht um ein Randthema der althistorischen Forschung, das nur populistischen Wert im Hinblick auf das öffentliche Interesse besitzt, sondern um ein Kernthema der römischen Geschichte: Wer die mentalen Dispositionen der Römer, ihre Vorstellungen von gesellschaftlicher Ordnung, ihre Selbstwahrnehmung und Fremdbilder verstehen möchte, kommt an den Gladiatorenkämpfen nicht vorbei.

Die antiken Zeugnisse zu den Gladiatorenkämpfen sind so reichhaltig wie vielfältig. Ihre Fülle zeigt, welch hohen Stellenwert diese Spektakel sowohl für die Oberschicht wie für die breite Masse, für die Stadtrömer wie für die Bevölkerung von außerhalb besaßen; ihre Vielfalt setzt heutige Forscher in die Lage, Gladiatorenkämpfe aus ganz unterschiedlichen Perspektiven zu untersuchen. So wird der «soziale Sinn» vor allem aus den überlieferten literarischen Zeugnissen ersichtlich; denn Gladiatoren bildeten ein wichtiges Thema aller Literaturgattungen, und die berühmtesten Autoren berichten über sie: Politiker und Philosophen wie Cicero (106–43 v. Chr.) und Seneca (ca. 1 v. Chr.–65 n. Chr.), Geschichtsschreiber wie Livius (ca. 59 v. Chr.–17 n. Chr.) und Tacitus (ca. 55–120 n. Chr.), Dichter wie Martial (ca. 40 bis 103 n. Chr.) und Horaz (65–8 v. Chr.) oder Kirchenväter wie Tertullian (ca. 160–220 n. Chr.) und Augustinus (354–430 n. Chr.), um nur einige zu nennen. Bei der Lektüre dieser Texte muss man sich allerdings immer vor Augen halten, dass sie die Sichtweise des Publikums vermitteln, genauer gesagt der Zuschauer aus der gebildeten Oberschicht, die in ihre Beschreibung der Kämpfe ihre Ansichten über die römische Gesellschaft einfließen lassen.

Die literarischen Zeugnisse beziehen sich überwiegend auf die Gladiatorenkämpfe in Rom selbst, für das übrige Italien und die Provinzen sind Inschriften von höchster Bedeutung. Ehrenbeschlüsse liefern wichtige Informationen über die Ausrichter der Gladiatorenkämpfe, für die Gladiatoren selbst sind deren Grabinschriften von größter Bedeutung. Denn aus diesem Material kann man nicht nur ‹technische› Daten wie Namen, Lebenserwartung, Anzahl von absolvierten Kämpfen, Familienstand und Karriereverläufe ablesen, sondern auch Erkenntnisse über die Selbstwahrnehmung der Gladiatoren, über Feindschaft und Kameradschaft und die Orientierung an mythologischen Kämpfern gewinnen. Gladiatoren waren auch ein überaus beliebtes Motiv in der römischen Bildkunst, ob auf Terra Sigillata, auf Öllämpchen, steinernen Reliefs und Mosaiken, und aus diesen Darstellungen lässt sich ermitteln, wie die Gladiatoren bewaffnet waren und welche Paarungen von Waffengattungen üblich waren. Ergänzend kann man hier die Gladiatorenwaffen hinzuziehen, die sich vor allem in Pompei in großer Zahl erhalten haben. Die Struktur des Zuschauerraums lässt sich an den zahlreichen erhaltenen Amphitheatern ablesen, von denen viele mit Inschriften versehen sind, die uns über die Sitzordnung Auskunft geben.

In neuerer Zeit hat die experimentelle Archäologie an Bedeutung gewonnen. Einige Gruppen von «Hobbygladiatoren» haben Waffen und Rüstungen rekonstruiert und in Kämpfen gegeneinander erprobt. Wissenschaftlich fundiert sind vor allem die unter Leitung von Marcus Junkelmann durchgeführten Experimente, denen ein gründliches Studium der Schrift- und Bildquellen vorausging. Der kulturellen Bedeutung von Gladiatorenkämpfen im antiken Rom lässt sich durch das sogenannte «Reenactment» nicht auf die Spur kommen, aber die Experimente haben unsere Kenntnis vom konkreten Ablauf der Kämpfe auf eine neue Ebene gehoben und manche früher übliche Vorstellung als unhaltbar erwiesen.

Und schließlich sind als letzte wichtige Erkenntnisquelle die Knochenfunde zu nennen. In den 1990er Jahren wurde in Ephesos ein sensationeller Fund gemacht, ein Gladiatorenfriedhof mit zahlreichen Gräbern, die eindeutig den Kämpfern der Arena zugewiesen werden konnten. Die Skelette lieferten wichtige Erkenntnisse über die Ernährung der Gladiatoren, über ihren Körperbau und damit auch über die Trainingsmethoden. Die in den literarischen Quellen genannte gute medizinische Versorgung der Gladiatoren wurde durch die Knochen, die komplizierte Operationen erkennen ließen, eindrucksvoll bestätigt; die häufigen Verletzungen an den Extremitäten lassen erkennen, welches die verwundbarsten Partien der Gladiatoren waren. In der Gesamtheit liefern die verfügbaren Quellen ein dichtes, facettenreiches und umfassendes Bild von den römischen Gladiatorenkämpfen.

II. Der Kontext:
Öffentliche Schauspiele im antiken Rom

1. Theateraufführungen, Wagenrennen,
griechischer Sport, Seeschlachten

Gladiatorenkämpfe waren wichtige Ereignisse, aber es gab noch weitere regelmäßige öffentliche Schauspiele (*spectacula*) im antiken Rom. Die Bedeutung der *spectacula* war enorm, und zwar in allen Phasen der römischen Geschichte von der frühen Republik bis in die Spätantike. Allein die anwesende Menschenmenge verlieh den Spielen Gewicht, denn die größten Menschenansammlungen fanden sich nicht im Rahmen politischer Veranstaltungen zusammen, sondern in Circus, Amphitheater, Theater und Stadion. Und die Zuschauerschaft war nicht nur groß, sondern deckte auch das ganze Spektrum der römischen Gesellschaft ab, vom Sklaven bis zu den führenden Senatoren und dem Kaiser höchstpersönlich. Anders als in modernen Sportarenen war die Zuschauerschaft strikt nach ihrem gesellschaftlichen Status geordnet: Die vordersten Ränge waren für die höchsten Stände reserviert, und je weiter man nach hinten kam, desto geringer war der materielle Wohlstand und das soziale Ansehen der Besucher. Bei den öffentlichen Spielen wurde somit die römische Gesellschaft einerseits als schichtenübergreifende Einheit begriffen, andererseits aber auch die Schichtung deutlich gemacht.

Theateraufführungen (*ludi scaenici*) und Wagenrennen (*ludi circenses*) waren organisatorisch miteinander verknüpft, sie fanden jährlich an einem festen Termin zu Ehren einer Gottheit statt: Es gab die *ludi Romani* für Jupiter im September, die *ludi Plebei* für Ceres im November und die *ludi Apollinares* für Apollon im Juli. Zu diesen regelmäßigen Festen traten solche hinzu, die einmalig und aus besonderem Anlass organisiert wurden, beispielsweise von einem Feldherrn nach einem siegreichen Feldzug oder bei den Begräbnisfeierlichkeiten eines angesehenen Mannes. Die *ludi scaenici* fanden bis zum Jahr 55 v. Chr., als das Pompeiustheater auf dem Marsfeld eingeweiht wurde, in hölzernen Behelfskonstruktionen statt. Der Senat hatte lange die Errichtung eines steinernen Theaters blockiert, und zwar nicht deswegen, weil die Aufführungen nicht populär gewesen seien, sondern gerade wegen ihrer Beliebtheit: Man hatte befürchtet, dass der Erbauer eines dauerhaften Theaters allzu großes Prestige gewänne. Das Unterhaltungsangebot hatte wenig mit heutigen großen Bühnen zu tun, denn es gab zwar auch Tragödien und Komödien, die stark von griechischen Traditionen beeinflusst waren und formal durchaus modernen Bühnenstücken ähneln, besonders beliebt waren aber Musikaufführungen und zwei eigentümliche italische Gattungen, Mimus und Pantomimus: Beim Mimus handelte es sich um ein derbes volkstümliches Lustspiel, dessen Hauptmotiv der Ehebruch und seine Konsequenzen bildete; ein festgelegtes Rollenbuch gab es nicht, Spielraum für Improvisationen und Interaktion mit dem Publikum war vorhanden. Beim Pantomimus choreographierte ein Tänzer in verschiedenen Rollen, die durch unterschiedliche Masken und Kostüme markiert waren, eine Handlung, die von dem begleitenden Chor besungen wurde. Manche Mimen und Pantomimen brachten es im republikanischen und kaiserzeitlichen Rom zu großer Berühmtheit, doch ihr sozialer Status war niedrig. Denn bei ihnen handelte es sich zumeist um Sklaven oder Freigelassene, römische Bürger unter den Schauspielern unterlagen der sogenannten *infamia*, die eine Herabsetzung der Ehre und eine rechtliche Diskriminierung nach sich zog. Nach römischer Anschauung galt es als unfein, mit seinem Körper Geld zu verdienen, und dies galt insbesondere für die stark sexualisierten Theateraufführungen.

Betrachtet man die anwesende Menschenmenge, waren die Wagenrennen die größten Spiele. Der Circus Maximus in Rom, der bereits im 5. Jahrhundert v. Chr. angelegt, allerdings erst 103 n. Chr. als steinerner Bau vollendet wurde, hatte inklusive der Zuschauerränge eine Länge von 600 und eine Breite von 140 Metern; er fasste mindestens 150 000 Menschen. Die üblichen und beliebtesten Rennen wurden mit Viergespannen (*quadrigae*) ausgetragen, deren Beherrschung an Kraft und Geschicklichkeit der Lenker höchste Anforderungen stellte, Zweigespanne (*bigae*) galten hingegen als Anfängergefährte. Eine Besonderheit der römischen Wagenrennen bestand darin, dass sie von Rennställen bestritten wurden: Es gab die Roten, die Weißen, die Grünen und die Blauen, die in einem harten Wettbewerb um die besten Pferde und Lenker standen und deren Farben – ähnlich wie heutige Fußballtrikots – einen hohen Identifikationswert bei den Fans besaßen. Die Rennställe waren große Unternehmen mit zahlreichen Mitarbeitern und hohem Finanzbedarf, sie verfügten über Hauptquartiere mit Stallungen in Rom selbst und über große Gestüte im Umland. Der Bedarf an Pferden war enorm, denn an einem Tag der *ludi circenses* fanden üblicherweise 24 Rennen statt, an denen gemäß der Vierzahl der Rennställe entweder vier, acht oder zwölf Gespanne antraten. Sieben Runden waren zu absolvieren, und es entfaltete sich ein rasantes Schauspiel, das für reichlich Nervenkitzel sorgte: Auf den Geraden konnten nach modernen Experimenten Spitzengeschwindigkeiten über 60 Stundenkilometern erreicht werden, vor den Wendepunkten musste das Tempo erheblich reduziert werden; dennoch konnte es zu Unfällen kommen, wenn Wagen aneinanderstießen oder zu eng um die Kurve geführt wurden, so dass sie mit der Wendemarke kollidierten. Die Wagenlenker wurden für ihren Mut und ihre Geschicklichkeit bewundert, und sie erhielten im Erfolgsfall hohe Preisgelder, ihr rechtlicher Status war aber ähnlich niedrig wie derjenige der Schauspieler.

Bisweilen fanden im Rahmen der *ludi* auch Boxkämpfe statt. Während dabei zunächst Italiker antraten, die mit einem Lendenschurz bekleidet waren, fanden die Römer bald auch Gefallen am Athletismus griechischer Tradition, bei dem die Sportler technisch besser ausgebildet waren und nackt antraten. Zunächst fanden solche «griechischen Wettkämpfe» (*certamina graeca*) im Zuge von Triumphalspielen statt, wenn römische Feldherren, die im Osten Kriege gewonnen hatten, neben erbeuteten Schätzen und exotischen Tieren auch griechische Athleten präsentierten. 80 v. Chr. mussten sogar die Olympischen Spiele auf ein Rumpfprogramm reduziert werden, weil der römische Dictator Sulla alle guten Sportler nach Rom geholt hatte. In der Kaiserzeit schließlich wurden Wettkämpfe in Rom nach dem Vorbild Olympias in vierjährigem Turnus organisiert: 86 n. Chr. wurden erstmals die *Capitolia* durchgeführt, für die Kaiser Domitian (81–96 n. Chr.) eigens ein Stadion hatte errichten lassen, dessen Grundriss sich noch heute an der Piazza Navona ablesen lässt. Übernommen wurde der kompletten Kanon griechischer Sportarten, also Boxkampf, Ringkampf und das dem heutigen Ultimate Fighting vergleichbare Pankration, verschiedene Laufdisziplinen sowie Diskus- und Speerwurf.

Besonders aufwändige Schauspiele boten die Naumachien, inszenierte Seeschlachten auf natürlichen oder künstlichen Gewässern. Augustus (27 v. Chr.–14 n. Chr.) ließ in der Nähe des Tiber ein Bassin ausheben, um den Römern eine Schlacht bieten zu können, an der neben den Ruderern 3000 Kämpfer auf den Decks zahlreicher Schiffe teilnahmen. Noch übertroffen wurde Augustus hierin von Claudius (41–54 n. Chr.), der einen für die Schifffahrt wichtigen Kanaldurchstich in Mittelitalien durch eine gewaltige Naumachie auf dem Fuciner See feiern ließ, bei der eine große Anzahl von Drei- und Vierruderern, also großen Kriegsschiffen, wie sie bei der römischen Flotte im Einsatz waren, mit insgesamt 19 000 Menschen bemannt wurde. Die Uferzone war mit Flößen eingefasst, damit die zum Kampf verurteilten Besatzungen der Schiffe nicht entkommen konnten; zusätzlich konnten die auf den Flößen stationierten Soldaten die Schiffe mit Katapulten beschießen. Eine große Menschenmenge strömte zusammen, die Böschung des Sees und umgebende Hügel boten ihnen ein natürliches Zuschauerrund. Ausgefochten wurde diese Schlacht von verurteilten Verbrechern, und nur bei diesem Schauspiel ist der viel zitierte Spruch überliefert: «Ave Caesar, die Todgeweihten grüßen Dich!» (*Ave Caesar, morituri te salutant.*) Für Gladiatoren hingegen, die in der populären Rezeption gerne mit diesem Ausspruch verbunden werden, ist er nicht überliefert. Claudius soll übrigens ironisch «Oder nicht» geantwortet haben, was von den Verurteilten zunächst als Begnadigung missverstanden wurde.

Es gab also eine breite Palette öffentlicher Spiele in Rom, die bislang vorgestellten hatten – mit Ausnahme der Naumachien – griechische Vorbilder oder Parallelen. Die Gladiatorenkämpfe hingegen, deren Entwicklung es jetzt näher vorzustellen gilt, waren eine genuin römische oder zumindest italische Erfindung.

2. Bestattungssitten und Politik: Anfänge und Entwicklung der Gladiatur

Es ist eine alte Forschungskontroverse, ob es andernorts in Italien Vorbilder für die römischen Gladiatorenkämpfe gab. Wandmalereien in Etrurien und Kampanien zeigen bewaffnete Zweikämpfe im Kontext von Bestattungsritualen, und diese können durchaus bei der Entstehung der römischen Gladiatur Pate gestanden haben. Dies bleibt allerdings spekulativ, denn genauer Ablauf und gesellschaftliche Bedeutung der altitalischen Zweikämpfe sind mangels zuverlässiger Schriftquellen nicht zu ermitteln. Gleiches gilt für den ebenfalls auf Wandmalereien abgebildeten *Phersu*-Kampf, bei dem ein Mann mit verbundenen Augen gegen einen großen Hund kämpfen musste.

Das erste *munus* (Pl. *munera*) – so die lateinische Bezeichnung für Gladiatorenkämpfe – in Rom fand im Jahr 264 v. Chr. bei der Bestattung des Decimus Iunius Brutus Pera statt, eines angesehenen Senators. Die Söhne des Verstorbenen ließen zu dessen Ehren drei Duelle zwischen Kriegsgefangenen austragen, und zwar auf einer offentlichen Platzanlage, dem am Tiber gelegenen Forum Boarium. Damit sind die zwei wesentlichen organisatorischen Merkmale der republikanischen Gladiatorenkämpfe abgesteckt: Den Anlass bildete das Begräbnis eines römischen Aristokraten, als Austragungsorte wählte man große Plätze, neben dem Forum Boarium auch das Forum Romanum. Die Gladiatorenkämpfe gewannen rasch große Beliebtheit, ihre Dimensionen nahmen stetig zu: 216 v. Chr. kämpften schon 22 Gladiatorenpaare, 200 v. Chr. waren es 25 Paare, und 183 v. Chr. nennen die antiken Gewährsleute die Zahl von 60 Gladiatorenpaaren bei einem *munus*. Der Dichter Terenz (1. Hälfte 2. Jh. v. Chr.) beklagt sich in seiner Komödie *Hecyra* darüber, seine Zuschauer seien ihm in hellen Scharen davongelaufen, als die Nachricht von unmittelbar bevorstehenden Gladiatorenkämpfen die Runde machte.

Die moderne Trennung zwischen privatem und öffentlichem Raum lässt sich auf die römische Gesellschaft nicht anwenden, und dies zeigt sich auch bei den Gladiatorenkämpfen. Ihr Anlass war ein «privater», der Tod eines angesehenen Römers, und ausgerichtet und bezahlt wurden sie von den Hinterbliebenen aus deren eigenen Mitteln. Ihr Austragungsort aber waren öffentliche Plätze, und viele Tausend Römer aus allen Schichten schauten zu. Gaius Gracchus ließ 122 v. Chr. hölzerne Tribünen abreißen, die für privilegierte Zuschauer errichtet worden waren, aber dem breiten Volk die Sicht auf die Kämpfe versperrten. Damit erhöhte er seine Beliebtheit bei der städtischen Bevölkerung, aber noch weitaus größere Popularität ernteten diejenigen Politiker, die selbst Gladiatorenkämpfe ausrichteten. Wenn deren Ausmaße immer weiter anwuchsen, so ist das nicht nur darauf zurückzuführen, dass mit der Eroberung des Mittelmeerraums die Mittelzuflüsse nach Rom stiegen, sondern auch und vor allem auf die Konkurrenz innerhalb der römischen Aristokratie: Junge ehrgeizige Aristokraten verfolgten durch die Ausrichtung öffentlicher Schauspiele das Ziel, sich beim römischen Volk beliebt zu machen und Stimmen für zukünftige Wahlen zu gewinnen. Und jeder strebte danach, die vorangegangenen Spiele zu übertreffen: Gaius Julius Caesar wollte 65 v. Chr. den Römern sage und schreibe 320 Gladiatorenpaare präsentieren, für die er eigens silberne Rüstungen hatte anfertigen lassen; allerdings musste er auf Geheiß des Senats die Anzahl verringern. Andere Ausrichter versuchten die Römer durch die Raffinesse der Spielstätten zu beeindrucken: 55 v. Chr. ließ Gaius Scribonius Curio zwei Holztheater errichten, die mittels einer Drehbühne zu einem geschlossenen Oval verbunden werden konnten. Mancher junge Senator, vor allem Caesar selbst, betrachtete die Gladiatorenkämpfe als notwendige Investition in die politische Karriere und war bereit, dafür gewaltige Schulden aufzunehmen.

Die politische Bedeutung der Gladiatorenkämpfe lässt sich auch daran ablesen, dass der Todesfall häufig nur noch den formalen Anlass bildete, der Zeitpunkt aber im Hinblick auf die eigene Karriere gewählt wurde. Caesar beispielsweise widmete sein *munus* zwar offiziell seinem verstorbenen Vater – dessen Tod lag allerdings bereits 20 Jahre zurück! In der Realität hatte Caesar die in den kommenden Jahren anstehenden Wahlen im Blick. Gegen eine solche Praxis schritt der Senat ein und verfügte, dass kein römischer Politiker, der ein *munus* ausrichte, im selben oder folgenden Jahr um ein Amt kandidieren dürfe. Ein Verbot kam offenbar nicht in Frage, zu populär waren die Schauspiele beim römischen Volk geworden.

Die Errichtung des Prinzipats, einer faktischen Alleinherrschaft unter dem Deckmantel der Republik, unter Augustus (27 v. Chr.–14 n. Chr.) bildete eine tiefe Zäsur in der römischen Geschichte, und wie die meisten anderen Felder des öffentlichen Lebens wurden auch die *munera* neu geregelt: Man reformierte und standardisierte die Waffengattungen (→ Kap. III. 1) und verknüpfte die Gladiatorenkämpfe mit Tierhetzen, das heißt Kämpfen wilder Tiere gegeneinander oder gegen Menschen. Solche Spiele waren zuvor im Rahmen von Triumphfeiern ausgerichtet wurden, nun fanden sie am selben Tag und Ort wie die Gladiatorenkämpfe statt, wobei in der Regel die Tiere vormittags, Gladiatoren nachmittags zu sehen waren; in der Mittagszeit wurden manchmal Hinrichtungen vollzogen. Die wichtigste Neuerung augusteischer Zeit bildete die Lösung der Gladiatorenkämpfe aus dem sepulkralen Kontext: Fortan wurden sie nicht mehr von den Hinterbliebenen verstorbener Senatoren durchgeführt, sondern von den Prätoren, also römischen Magistraten. Damit diese nicht danach strebten, sich gegenseitig zu übertrumpfen oder gar den kaiserlichen Spielen Konkurrenz zu machen, wurden Obergrenzen festgelegt: Zweimal im Jahr durften die Prätoren *munera* ausrichten, und die Anzahl der Gladiatoren durfte 120 nicht überschreiten.

Die kaiserlichen Spiele waren selbstverständlich nicht an diese Beschränkungen gebunden, sie sprengten alle bekannten Dimensionen: Augustus selbst rühmt sich in seinem Tatenbericht, er habe dem römischen Volk insgesamt 10 000 Gladiatoren und 3500 wilde Tiere präsentiert. Auch seine Nachfolger legten großen Wert darauf, riesige *munera* auszurichten, der Höhepunkt wurde unter Trajan (98–117 n. Chr.) erreicht: Die Aufführungen nach seinem Triumph über die Daker dauerten 123 Tage, es kämpften insgesamt 10 000 Gladiatoren und 11 000 Tiere.

Die Kaiserzeit sah außerdem eine Ausbreitung der *munera* im gesamten Imperium Romanum. Zwar waren sporadisch schon während der Republik Gladiatorenkämpfe auch außerhalb Italiens organisiert worden, zum ersten Mal 206 v. Chr. in Spanien durch Publius Cornelius Scipio, den späteren Sieger über Hannibal, doch erst seit Augustus wurden sie zu einem regelmäßigen Bestandteil der städtischen Festkultur in allen Provinzen des Reiches, von England bis Ägypten, von Marokko bis an das Schwarze Meer. Die Beliebtheit der Gladiatorenkämpfe in der östlichen, von griechischen Traditionen geprägten Reichshälfte war von der Forschung lange Zeit übersehen worden, da dort weniger Amphitheater gebaut wurden. Stattdessen hielt man *munera* zumeist in umgebauten Theatern ab, doch wie man anhand der Inschriften und der zahlreichen Kleinfunde erkennen kann, waren die Gladiatorenkämpfe im Osten nicht weniger beliebt als im Westen, wo viele monumentale Amphitheater von ihrer Popularität zeugen. Und wie einige Passagen des Talmud zeigen, fanden auch viele Juden Gefallen an den Kampfspielen römischer Prägung; sogar Resch Lakisch, ein bekannter Schriftgelehrter des 3. Jahrhunderts n. Chr., soll in seiner Jugend als Gladiator gekämpft haben.

Gladiatorenkämpfe waren damit ein reichsweites Phänomen. Es gab einige regionale Besonderheiten, und die Dimensionen der *munera* in den Provinzstädten reichten natürlich nicht an die kaiserlichen Spiele in Rom heran, doch die soziale Herkunft der Gladiatoren, die Bewaffnung und die Regeln waren im ganzen Imperium Romanum sehr ähnlich.

3. Der Ablauf eines *munus*

Rechtzeitig vor einem *munus* wurde Reklame gemacht, indem man in Wandinschriften den Termin und den Ausrichter nannte und auf besondere Attraktionen hinwies. Ein Beispiel aus Pompei: «Die Gladiatorentruppe des Ädilen Aulus Suettius Certus wird am 31. Mai in Pompei kämpfen. Es wird Tierhetzen und Sonnensegel geben.» Andere Inschriften preisen an, dass es außer Gladiatoren auch Boxkämpfe zu sehen gebe und Geschenke verteilt würden. Wenige Tage vor dem *munus* stellte dann der Ausrichter dem interessierten Publikum die Gladiatoren, ihre Waffengattung und ihren Kampfrekord vor und gab die Paarungen bekannt. Spätestens jetzt begannen Fachkundige, die Qualität der Kämpfer zu diskutieren und Vermutungen über den Ausgang der Kämpfe anzustellen. Am Vorabend des Kampfes schließlich fand ein Festbankett statt, eine Art öffentlicher Henkersmahlzeit für die Gladiatoren, an dem das Publikum nochmals Gelegenheit bekam, sie zu inspizieren.

Der Tag selbst begann mit einer feierlichen Prozession (*pompa*), die von einem zentralen Platz der Stadt in das zumeist am Stadtrand gelegene Amphitheater führte. Präzise literarische Beschreibungen der Prozession fehlen, doch Reliefs geben Aufschluss über die teilnehmenden Gruppen: die ausrichtenden Beamten mit ihren Liktoren, Musiker, Diener mit Informationstafeln, Träger von Gerüsten, auf denen die Waffen der Gladiatoren präsentiert wurden, und natürlich die Gladiatoren selbst; auch Götterbilder waren wie bei allen anderen öffentlichen Schauspielen anwesend. Die Zuschauer hatten hier ein letztes Mal Gelegenheit, die Gladiatoren vor dem Kampf zu betrachten, und viele werden jetzt ihre Prognose für den Kampfausgang getroffen haben – in den Amphitheatern herrschte ein reger Wettbetrieb! In den literarischen Quellen ist als Teil der Vorbereitungen auch eine formelle Inspektion der Waffen erwähnt, doch es entzieht sich unserer Kenntnis, zu welchem Zeitpunkt diese stattfand.

Das Hauptprogramm des Tages begann jedoch nicht mit Gladiatorenkämpfen, sondern mit Tierhetzen. Die Tierkämpfer (*venatores*) waren den Gladiatoren in vielerlei Hinsicht ähnlich: Sie hatten eine vergleichbare soziale Stellung und waren sorgfältig für die Arena ausgebildet, manche von ihnen hatten sich sogar auf eine bestimmte Tierart spezialisiert. Auch die Überlebenschancen von Gladiatoren und Tierkämpfern waren ähnlich. Bei den Tieren gab es eine breite Palette zu sehen, die von kleinen heimischen bis zu großen exotischen reichte. Größeres Prestige brachten natürlich Letztere, und so bemühten sich die Ausrichter von Spielen darum, dem staunenden Publikum Bären, Löwen, Tiger, Elefanten, Nashörner, Krokodile, Giraffen und anderes Großwild zu präsentieren, das in der Arena abgeschlachtet wurde. Die Zahlen waren gewaltig, bei einem einzigen *munus* Neros (54–68 n. Chr.) sollen 400 Bären und 300 Löwen getötet worden sein. Und nicht nur in Rom selbst, sondern auch in anderen Städten Italiens und der Provinzen kämpften exotische Tiere in den Amphitheatern; in einem Brief des jüngeren Plinius (61/62–ca. 115 n. Chr.) werden afrikanische Panther erwähnt, die für ein *munus* in Verona vorgesehen waren, aber aufgrund eines Sturms erst verspätet eintrafen. Der riesige Bedarf an exotischen Tieren wurde vor allem durch private Fangunternehmen befriedigt, doch in der Kaiserzeit wurden auch Militäreinheiten für die Großwildjagd abgestellt.

Wenn die Tiere nicht kämpfen wollten, wurden sie vom Arenapersonal mit Feuer und Lärm wild gemacht. Manchmal band man sie auch mit einer Kette zusammen, wie es beispielsweise für die beliebte Kampfpaarung Stier gegen Bär überliefert ist. Die Überlebenschancen für die Tiere waren gering, denn in der Regel ließ man sie so lange in der Arena, bis nur noch wenige am Leben waren, die Übrigen wurden durch die *venatores* getötet. Nur einzelne Tiere hatten Glück: Martial berichtet von einer Antilope, die bittfällig vor dem Kaiser auf die Knie ging und von diesem begnadigt wurde. Wahrscheinlich war sie vorher dressiert worden, um dem römischen Publikum die Unterwerfung der Tiere unter die kaiserliche Macht augenfällig zu machen.

Auch Hinrichtungen zum Tode verurteilter Menschen fanden – wie bereits erwähnt – in der Arena statt, zumeist in der Mittagszeit. Hier hatten die Römer ein breites Repertoire der Grausamkeiten entwickelt: Durch christliche Martyrienberichte hat die Verurteilung *ad bestias* Berühmtheit erlangt, bei der die Todesstrafe durch wilde Tiere vollzogen wurde. Im Gegensatz zu den Tierkämpfern verfügten die Hinzurichtenden weder über Waffen noch über eine Ausbildung für diesen Kampf, so dass sie gegen Tiger, Löwen oder Bären chancenlos waren. Auch Kreuzigungen in der Arena kamen vor, und häufig ließ man die Verurteilten sich mit Schwertern gegenseitig umbringen. Besonderen Niederschlag in der Literatur haben die nach mythologischen Vorbildern vollzogenen Hinrichtungen hervorgerufen: Beispielsweise wurde eine «Pasiphae» – im Mythos hatte sich die kretische Königin in einer hölzernen Kuh-Imitation einem Stier hingegeben – durch einen Stier getötet, ein «Ikarus» wurde von einem hohen Gerüst in die Arena hinabgestoßen und musste damit den Himmelssturz des mythischen Jünglings nachspielen. Die grausame Phantasie der Römer kannte auf diesem Gebiet keine Grenzen.

In den Pausen wurde die Arena gesäubert und frischer Sand gestreut, es wurden Geschenke verteilt und parfümiertes Wasser ins Publikum gesprüht, auch Akrobaten und Gaukler traten auf. Am Nachmittag schließlich kam es zum Höhepunkt des Tages: den Kämpfen der Gladiatoren. Zur Einstimmung fanden zunächst Schaukämpfe mit Holzwaffen statt, dann folgten die «echten» Kämpfe auf Leben und Tod. In Hollywoodfilmen wird in der Regel kein Unterschied zwischen den Hinrichtungen und den Gladiatorenkämpfen gemacht, doch in der historischen Realität lag zwischen beiden Gruppen eine scharfe Trennlinie: Die Hinzurichtenden hatten keinerlei Chancen, den Tag zu überleben, während die Mehrzahl der Gladiatoren das *munus* überstand. Die Leichen der Delinquenten wurden an Haken aus der Arena geschleift und in Massengräbern verscharrt beziehungsweise in den Tiber geworfen, während die toten Gladiatoren auf Bahren hinausgetragen und einer regulären Bestattung zugeführt wurden. Man darf die Brutalität und das Todesrisiko der Gladiatorenkämpfe nicht verniedlichen, muss sich aber stets vor Augen führen, dass die Römer im Amphitheater ganz unterschiedliche Ebenen der Gewalt zu sehen bekamen.

III. Der Kampf

1. Standardisierte Waffen und Paarungen: Die *armaturae*

Gladiatoren waren Einzelkämpfer. Zwar belegen einzelne Zeugnisse Gefechte «in Herden», aber sie beziehen sich wohl auf die Massenkämpfe zwischen zum Tode verurteilten Verbrechern. Reguläre Gladiatoren hingegen kämpften Mann gegen Mann, und zumeist konnten sich die Zuschauer auf ein einziges Duell konzentrieren, denn eine Arena voller gleichzeitig kämpfender Gladiatorenpaare dürfte es nur bei den großen kaiserlichen Spielen in Rom gegeben haben. Die Zahlen zu Umfang und Dauer von Gladiatorenkämpfen variieren stark: Die enormen Quantitäten bei Trajans Triumphalspielen wurden schon genannt, in den Provinzen nennen die Inschriften zumeist sechs bis zwölf Gladiatorenpaare, allerdings ließen manche Ausrichter bis zu 50 Gladiatoren antreten. Auch hinsichtlich der Dauer waren die Unterschiede zwischen den *munera* groß, es gab sowohl eintägige als auch mehrwöchige. Insgesamt wird man davon ausgehen können, dass üblicherweise an einem Nachmittag etwa fünf bis acht Gladiatorenkämpfe zu sehen waren.

In den von Hollywood inszenierten Gladiatorenkämpfen ist häufig zu sehen, wie Kämpfer in bunt zusammengewürfelter Bewaffnung ohne jede Ordnung aufeinander einschlagen. Dies ist weit entfernt von der Realität der römischen *munera*, die ein zwar brutales, jedoch sehr geordnetes Programm boten. Denn standardisiert waren sowohl die Waffengattungen (*armaturae*), also das Set an Rüstungsteilen und Angriffswaffen des Gladiators, als auch die Paarungen: Am beliebtesten waren asymmetrische Duelle, bei denen Gladiatoren mit verschiedenen Waffen, aber gleichen Chancen einander gegenüberstanden, insbesondere die Kämpfe des «Netzkämpfers» (*retiarius*) gegen den «Verfolger» (*secutor*) und des «Thrakers» (*thraex*) gegen den *mur-*

Abb. 2: Kampf zwischen dem *secutor* Astyanax und dem
retiarius Kalendio (frühes 4. Jh., aus Rom)

millo (Abb. 2 und 3). Dem *retiarius* standen neben seinem Netz
ein Dreizack und ein kurzer Dolch zur Verfügung; er trug weder
Helm noch Schild, zur Abwehr von Streichen verfügte er lediglich über eine Metallplatte an der linken Schulter. Kennzeichen
des *thraex* war ein kurzes Krummschwert, als Schutzbewaffnung trug er einen kleinen Schild und einen großen, den Kopf
umschließenden Helm. *Murmillo* und *secutor* waren sehr ähnlich bewaffnet: Beide verfügten über einen großen rechteckigen
Schild, der demjenigen römischer Legionäre glich, eine Schiene
am linken Bein und ein kurzes Schwert. Der entscheidende Unterschied lag in der Helmform, denn während der Helm des

Abb. 3: *Murmillo* (rechts)
gegen *thraex* (Mitte 3. Jh.,
aus Bad Kreuznach)

murmillo eine breite Krempe aufwies, fehlte diese beim *secutor* – wahrscheinlich sollte der Dreizack des *retiarius* am runden Helm abgleiten.

Diese vier Waffengattungen genossen in der Kaiserzeit die größte Beliebtheit, es gab jedoch noch viele weitere. Der *hoplomachos* kämpfte, wie sein Name andeutet, mit einer an griechische Hopliten angelehnten Bewaffnung, also mit einem Rundschild und einem Speer; sein Gegner war der *murmillo*. Ein *provocator* war ähnlich wie ein *murmillo* und *secutor* ausgerüstet, aber sein Schild war kleiner, dafür trug er eine Brustplatte. Die «Reiter» (*equites*) und «Wagenkämpfer» (*essedarii*) kämpften trotz ihrer Bezeichnungen zumeist zu Fuß, zumindest ist der Kampf auf dem Pferde nur ganz selten, der Kampf auf dem Wagen gar nicht belegt. *Equites* waren mit Dolch, Rundschild und Helm ausgerüstet und trugen außerdem eine Tunika; darin unterschieden sie sich von den übrigen Gladiatoren, die mit freiem Oberkörper und nur mit einem Lendenschurz bekleidet kämpften. Die *essedarii* verfügten ebenfalls über einen Dolch, sie trugen ovale Schilde sowie halbkugelige Helme mit Wangenklappen. Diese drei Waffengattungen – *provocator*, *eques*, *essedarius* – kämpften gegen ihresgleichen, hier handelte es sich also um symmetrische Duelle. Zu nennen ist außerdem noch der *bimachairos* oder *arbelas*, der in beiden Händen Angriffswaffen trug, neben dem Dolch auch eine halbrunde, einem Wiegemes-

ser ähnelnde Schneidewaffe; sein Gegner war der *retiarius*. Für
die republikanische Zeit werden der «Samnit» und der «Gallier»
häufig erwähnt, deren Bewaffnung ist jedoch nicht sicher zu re-
konstruieren.

Die Waffengattungen waren standardisiert, unterlagen jedoch gewissen Variationen, etwa hinsichtlich der Länge der
Schwerter und der Größe und Form der Schilde. Auch die Paarungen waren nicht starr, denn belegt sind, wenn auch selten,
Kämpfe des *murmillo* gegen *provocator* oder *retiarius*. Auch in
einer weiteren Hinsicht gab es Variationen: Üblicherweise trugen die Gladiatoren den Schild in der linken Hand und die An-
griffswaffe in der rechten, ganz wie es in der römischen Armee
üblich war. Doch anders als beim Militär, in der Einheitlichkeit
geboten war, nahmen manche Gladiatoren das Schwert in die
linke Hand. Es galt als besonders prestigereich, als «Linkshänder» (*scaeva*) zu kämpfen; Kaiser Commodus (180–192 n. Chr.),
der selbst in der Arena antrat, scheint auf diese Kampfesweise
besonders stolz gewesen zu sein, und auch einige Grabsteine
von Gladiatoren bilden Linkshänder ab. Wie beim heutigen
Fechtsport entwickelten sich unterschiedliche Kampfszenarien,
wenn die Kontrahenten ihre Angriffswaffen mit entgegengesetz-
ten Händen führten.

2. Der Ablauf des Kampfes

Schon zu Beginn des *munus* wurden an das Publikum Informa-
tionsblätter, so genannte *libelli*, mit allen wichtigen Daten zu
den antretenden Kämpfern ausgeteilt, vor dem Duell wurden
die Gladiatoren nochmals einzeln von einem Herold vorgestellt:
Genannt wurden ihre Namen, ihre Waffengattung, eventuell
auch ihre Herkunft, sicherlich aber ihr bisheriger Kampfrekord
und ihr Rang in der Hierarchie der Gladiatoren (=> V. 2). Man
achtete darauf, möglichst gleichstarke Kämpfer aufeinander-
treffen zu lassen, denn dies versprach die interessantesten
Kämpfe. Auch galt es für gestandene Gladiatoren als eine Krän-
kung ihrer Ehre, wenn sie gegen einen Anfänger aufgestellt wurden. In einem Lehrstück einer kaiserzeitlichen Rhetorenschule

wird ein einseitiger Kampf zwischen einem erfahrenen und einem tapferen, aber ungeübten und chancenlosen Gladiator geschildert.

Nachdem ein letztes Mal überprüft worden war, ob die Rüstungsteile gut befestigt waren, setzten sich die Gladiatoren ihre Helme auf, eine Fanfare ertönte, und die Schiedsrichter gaben den Kampf frei. Die Kampftaktik wurde vom individuellen Charakter und der Ausbildung der Gladiatoren vorgegeben, vor allem aber von der Waffengattung: Die Leichtbewaffneten wie *retiarius* und *thraex* umkreisten ihre Gegner und versuchten, ihre größere Beweglichkeit durch einen Kampf aus der Distanz mit Finten und plötzlichen Attacken zur Geltung zu bringen, während die Schwerbewaffneten, insbesondere *murmillo* und *secutor*, wohl eher den Nahkampf suchten, in dem sie ihren großen Schild und ihr Schwert besser einsetzen konnten. Zwei in Sandalenfilmen beliebte Kampfszenarien wird man jedenfalls ausschließen können: Gefechte, bei denen sich die Klingen kreuzten, und Hiebe mit weit ausholenden Bewegungen. Ersteres war mit den von Gladiatoren verwendeten kurzen Schwertern unmöglich, Letzteres hätte die Deckung zu weit geöffnet und außerdem sehr rasch zu einer Ermüdung der Kämpfer geführt. Vielmehr wird man sich aus einer sicheren Grundhaltung heraus, bei der die Rechtshänder ähnlich wie heutige Boxer das linke Bein voranstellten, belauert und auf einen günstigen Moment gewartet haben, um eine Attacke zu starten, nach der man sich wieder in die sichere Deckung zurückzog. Der Schild wird nicht nur zum Schutz eingesetzt worden sein, sondern auch zum Angriff: Indem man damit nach dem Gegner stieß, versuchte man diesen aus dem Gleichgewicht zu bringen und einen Angriff mit dem Schwert vorzubereiten. Experimente bestätigen die antiken Quellen darin, dass die Chancen auch bei asymmetrischen Duellen gleich verteilt waren, sie zeigen auch, wie ermüdend der Kampf insbesondere für die mit einem großen Schild ausgerüsteten Gladiatoren war.

Es gab keine Runden mit einer festgesetzten Länge und auch keine regelmäßigen Pausen, doch konnten die Schiedsrichter den Kampf unterbrechen, wenn sich Rüstungsteile gelockert

Abb. 4: *Thraex* (links) gegen *murmillo*

Abb. 5: *Murmillo* (links) gegen *hoplomachus*

Abb. 6: Zwei *essedarii* im Duell

Abb. 7: *Secutor* gegen *retiarius*

hatten oder einer der Kontrahenten einen Regelverstoß begangen hatte. Möglicherweise genehmigten sie Unterbrechungen auch, um kleinere Wunden versorgen zu lassen oder den Kämpfern Gelegenheit zu geben, einen Schluck zu trinken und Atem zu schöpfen, damit sie anschließend den Kampf mit frischen Kräften fortsetzen konnten. Über die Dauer der Kämpfe machen die antiken Texte keine Angaben, sie war sicherlich sehr unterschiedlich: Manche Gladiatoren werden danach gestrebt haben, den Kampf durch einen raschen Angriff zu entscheiden, während andere den Gegner in einem langen Duell zermürben wollten. Inwieweit die Schiedsrichter in den Kampf eingriffen, ist schwer zu erschließen: Zwar wird durch eine Fülle von Dokumenten belegt, dass es Regeln gab, über deren Einhaltung die Schiedsrichter wachten, doch es gibt keinen einzigen stichhaltigen Hinweis darauf, welche Aktionen erlaubt und welche verboten waren.

Für das Ende eines Gladiatorenkampfes gab es vier Möglichkeiten: den Abbruch des Duells mit der Erklärung eines Unentschiedens, den Tod eines der Kontrahenten im Kampf, die Aufgabe eines Gladiators mit anschließender Begnadigung und die Aufgabe eines Gladiators mit anschließender Hinrichtung. Von diesen war das seltenste Resultat das Unentschieden, das beiden Gladiatoren zur Ehre gereichte, denn der Abbruch des Kampfes wurde nur dann angeordnet, wenn nach Meinung von Publikum und Ausrichter beide Kombattanten tapfer und nach allen Regeln der Kunst gekämpft hatten und man sie deshalb beim nächsten *munus* wieder in der Arena sehen wollte. Der lateinische Ausdruck für diesen Kampfausgang ist *stantes missi* («stehend entlassen/begnadigt»), er war offensichtlich nicht bei allen *munera* erlaubt: Bei den Spielen zur Eröffnung des Kolosseums 80 n. Chr. lieferten sich nach Martial zwei Gladiatoren einen langen erbitterten Kampf, bis das Publikum lautstark verlangte, beide sollten begnadigt werden. Der Kaiser habe dem Wunsch jedoch nicht nachgeben können, weil die Regeln dieses speziellen *munus* einen unentschiedenen Abbruch nicht erlaubt hätten. Jedoch sei letztendlich das gewünschte Ergebnis durch einen glücklichen Zufall eingetreten, weil die Kontrahenten gleichzeitig aufgaben; daraufhin wurden beide unter dem Applaus der Zuschauer zu Siegern erklärt.

Wenn ein Gladiator seinem Gegner im Kampf eine tödliche Wunde zufügte, handelte es sich zumeist um Stiche in den Rumpf. Denn Brust, Bauch und Rücken hatten bei den meisten *armaturae* keine spezielle Panzerung, während der Kopf bei allen Gladiatoren außer den *retiarii* durch den Helm gut geschützt war. Zwar zeigen die Skelette aus Ephesos auch zehn tödliche Schädelverletzungen, doch ist es wenig wahrscheinlich, dass die Gladiatoren so häufig ihren Helm verloren oder die Streiche gar den Helm durchschlugen. Vielmehr nehmen die Bearbeiter an, dass diese Verletzungen auf den Gnadenstoß zurückzuführen sind, den man tödlich verwundeten Gladiatoren versetzte. Insgesamt war eine tödliche Verwundung im Kampf wohl eher die Ausnahme als die Regel, die meisten Wunden erlitten die Kämpfer an Armen und Beinen. Denn außer dem *retiarius* und dem *arbelas* verfügten alle Gladiatoren über eine gute Schutzbewaffnung, und sie waren von ihren Ausbildern nicht nur in Angriffstechniken, sondern auch in Ausweichbewegungen trainiert worden. Und im Gegensatz zu Soldaten im Getümmel einer Schlacht konnten sich Gladiatoren auf einen Gegner konzentrieren und deshalb den Stößen besser ausweichen. Hinzu kommt ein Aspekt, der vor dem Hintergrund der populären Vorstellung von Gladiatorenkämpfen überraschend wirkt: Besonders gerühmt wurden nicht Gladiatoren, die alle ihre Gegner in der Arena massakrierten, sondern diejenigen, die ihre Gegner nach allen Regeln der Kunst, jedoch ohne Blutvergießen besiegten. Der von Martial besungene Stargladiator Hermes wird dafür gepriesen, dass er «siege, ohne zu verwunden», Gladiatoreninschriften preisen die technischen Qualitäten der Kämpfer. Darüber hinaus gibt es Hinweise darauf, dass Gladiatoren vor dem Kampf Absprachen trafen, einander möglichst keine schweren Verwundungen zuzufügen. Die Grabinschrift des in Philippopolis/Plovdiv bestatteten Gladiators Victor klagt den letzten Gegner an, er sei «meineidig» gewesen, was sich nur auf den Bruch einer solchen Absprache beziehen kann. Plausibel ist es allemal, dass die Kämpfer, die lange Zeit eine Schicksalsgemeinschaft gebildet hatten, danach strebten, lebendig und gemeinsam die Arena zu verlassen.

Die meisten Kämpfe endeten damit, dass ein Gladiator kapitulierte. Die Gründe, warum die Hoffnung auf ein siegreiches Ende aufgegeben wurde, sind nicht überliefert, aber plausibel zu erschließen: Manche waren aufgrund von Verwundungen oder Erschöpfung nicht mehr zur Fortsetzung des Kampfes in der Lage, andere waren im Verlauf des Gefechtes von ihren Gegnern entwaffnet worden. Sobald ein Gladiator aufgab, stoppte der Schiedsrichter den Kampf und fiel dem Sieger in den Arm, und nun kam es zu dem Akt, der die eigentliche Besonderheit der römischen Gladiatorenkämpfe ausmacht: der Entscheidung über Leben und Tod des unterlegenen Kämpfers. Die Zuschauer waren bislang schon nicht untätig gewesen, sondern hatten ihre Lieblinge mit Klatschen, Zurufen und Sprechchören angefeuert, nun hatten sie zu beurteilen, ob der Unterlegene tapfer und kunstfertig gekämpft und deshalb die Begnadigung verdient hatte oder nicht. Denn formal lag die Urteilsgewalt zwar in den Händen des Ausrichters, doch de facto richtete sich dieser nach der Stimmung im Publikum, das seiner Meinung durch Zurufe wie «Töte ihn!» oder «Begnadige ihn!» und durch Handzeichen Ausdruck verschaffte. Wie die Handzeichen für Hinrichtung und Begnadigung aussahen, ist nicht schlüssig zu ermitteln, die heute populären Zeichen mit erhobenem oder gesenktem Daumen, die gerne auf die Gladiatorenkämpfe zurückgeführt werden, gab es in der römischen Antike jedenfalls nicht.

Wurde die Begnadigung verweigert, musste der siegreiche Gladiator seinen Gegner töten. Bei den meisten Waffengattungen umschloss der Helm das Gesicht, was eine gewisse Anonymität herstellte, aber dennoch ist anzunehmen, dass es große Überwindung kostete, einen Menschen umzubringen, mit dem man in den meisten Fällen lange zusammengelebt hatte und mit dem man in einer Schicksalsgemeinschaft verbunden war. Jedoch wurde von den Gladiatoren äußerste Disziplin im Angesicht des Todes verlangt, und dies galt sowohl für den Sieger, der den Befehl zur Hinrichtung vollstreckte, als auch für den Unterlegenen, der den Todesstoß klaglos hinnehmen sollte. Für den coup de grâce gab es zwei Möglichkeiten, den Stich durch den Rücken ins Herz und den Stich in die Kehle; beides ist auf Mosaiken und Reliefs dargestellt und an jeweils drei Skeletten aus Ephesos nachgewiesen. Während der Tote auf einer Bahre aus der Arena getragen wurde, nahm der Sieger seinen Preis entgegen: Er erhielt einen Palmzweig und wohl noch in der Arena das Preisgeld, unter Musikbegleitung lief er eine Ehrenrunde.

Was die statistische Häufigkeit der vier möglichen Ergebnisse betrifft, verfügen wir über zwei Informationsquellen: Erstens die in vielen Grabinschriften von Gladiatoren genannten Kampfrekorde, zweitens die von den Ausrichtern in Auftrag gegebenen Reliefs und Mosaiken, die nicht nur die Namen und Waffengattung der Kombattanten nennen und abbilden, sondern auch den Ausgang des Kampfes (Abb. 2 und 11). Der französische Historiker Georges Ville kam anhand dieses Materials zu dem Ergebnis, dass im ersten nachchristlichen Jahrhundert ungefähr jeder fünfte Kampf tödlich endete, also in 80 Prozent der Fälle dem Unterlegenen die *missio* erteilt wurde. Im Lauf der Zeit kam es Ville zufolge allerdings zu einer Brutalisierung, so dass im 3. Jahrhundert jeder zweite Kampf einen tödlichen Ausgang fand. Leider differenzieren unsere Zeugnisse bei den Todesfällen nur selten, ob der Verstorbene im Kampf selbst umkam oder nach seiner Aufgabe hingerichtet wurde. Auch wissen wir nicht, wie viele Gladiatoren zwar die Arena noch lebend verließen, aber später an den erlittenen Wunden starben. Trotz der guten medizinischen Versorgung, die sie genossen, war vor der Einführung moderner Hygienestandards die Infektionsgefahr auch bei leichteren Verwundungen sehr hoch.

Seit einigen Jahren wird in der althistorischen Forschung darüber debattiert, ob man die Gladiatorenkämpfe als «Sport» bezeichnen könne. Denn viele der üblichen zur Definition von Sport verwendeten Kriterien können auch auf sie Anwendung finden: Es handelte sich um einen körperlichen Wettkampf im öffentlichen Raum, es herrschte Chancengleichheit, es gab eine Scheidung in Sieger und Unterlegene, und es wurde eine Quantifizierung von Leistung vorgenommen. Auch den zeremoniellen

Rahmen und die Begeisterung zahlreicher Zuschauer haben die Gladiatorenkämpfe mit modernen Sportereignissen gemeinsam. Dennoch würde die Anwendung des Begriffs Sport falsche Vorstellungen wecken: Nicht nur ist «Sport» im heutigen Sprachgebrauch trotz zahlreicher Missstände wie Doping und korrupten Verbänden immer noch ein positiv besetzter Begriff, seine Verwendung könnte als Verharmlosung der brutalen *munera* verstanden werden; denn die Todesgefahr keiner modernen Sportart ist auch nur annähernd mit den blutigen Kämpfen in der Arena zu vergleichen. Und außerdem fehlt den Gladiatorenkämpfen ein entscheidendes Kriterium des modernen Sports, nämlich die Freiwilligkeit. Denn während heutige Athleten ihren Sport, lässt man den sozialen Druck außer Acht, aus freien Stücken betreiben und jederzeit von einem Wettkampf zurücktreten können, wurde den Insassen einer Gladiatorenkaserne befohlen, wann, gegen wen und wie oft sie zu kämpfen hatten.

3. Sonderformen: Kämpfe «ohne Begnadigung» und Kämpfe «mit spitzen Waffen»

Die geschilderten Regeln galten für die überwiegende Anzahl der Gladiatorenkämpfe, manchmal wurde aber auch «ohne Begnadigung» (*sine missione*) gekämpft, so dass der Unterlegene auf jeden Fall getötet wurde. Dies veränderte den Kampf für alle beteiligten Gruppen fundamental: Für die Gladiatoren selbst stieg das Todesrisiko enorm an, und Absprachen untereinander, einander möglichst nicht im Kampf zu töten, wurden hinfällig, da es außer dem eigenen Sieg keine Alternative mehr zum Tod gab; auch wird der unterlegene Gladiator selbst in aussichtsloser Lage den Kampf noch fortgesetzt haben, da die Aufgabe dem Tod gleichkam. Für den Ausrichter bedeutete diese Sonderform eine starke Kostensteigerung, da er nun für mindestens die Hälfte der Gladiatoren den vollen Kaufpreis zu entrichten hatte (→ Kap. VII. 1). Und für die Zuschauer bedeuteten die *munera sine missione*, dass sie nichts mehr zu entscheiden hatten, denn das Schicksal des Unterlegenen stand fest und wurde nicht mehr von ihnen bestimmt. Es wird dieser letzte Aspekt und nicht ein humanitäres Motiv gewesen sein, der Kaiser Augustus dazu veranlasste, die *munera sine missione* zu verbieten, denn die Gladiatorenkämpfe waren einer wichtigen Funktion beraubt, wenn das Publikum keine Macht mehr ausüben konnte. Dieses Verbot scheint allerdings entweder nur für Rom gegolten oder wieder außer Kraft gesetzt worden zu sein, denn auch in späterer Zeit ist diese Sonderform noch überliefert; allerdings brauchte ein Ausrichter von *munera* die ausdrückliche kaiserliche Genehmigung, wenn er die Kämpfe ohne Möglichkeit der Begnadigung ausfechten lassen wollte.

Eine besondere Erlaubnis brauchte man auch für die Kämpfe «mit spitzen Waffen», die in einigen Inschriften erwähnt sind. Es ist nicht eindeutig zu klären, was damit gemeint ist; wahrscheinlich waren die Schwerter der Gladiatoren üblicherweise zwar an der Klinge geschärft, aber an der Spitze etwas abgestumpft, damit nicht gleich der erste Stich die Entscheidung herbeiführte. Auch sind Verwundungen, die mit einer Klinge geschlagen werden, seltener tödlich als Stichverletzungen. Die Kämpfe «mit spitzen Waffen» sind deshalb als brutalere Variante zu verstehen, in der das Risiko für die Gladiatoren erhöht wurde.

IV. Die Gladiatoren:
Ihre Stellung in der Gesellschaft

1. Wie wird man Gladiator?
Kriegsgefangene, Verbrecher, Sklaven, Freiwillige

Da Gladiatoren kein «Kanonenfutter» waren, sondern hochspezialisierte Kämpfer, mussten sie sorgfältig ausgewählt und trainiert werden. Domitian (81–96 n. Chr.) richtete zur Sicherung des Nachschubs für die *munera* in Rom vier staatliche Gladiatorenkasernen ein, die von kaiserlichen Magistraten verwaltet wurden. Die größte von ihnen, der so genannte *ludus magnus*, lag unmittelbar neben dem Kolosseum und war mit diesem durch einen Gang verbunden, so dass die Gladiatoren von ihrem Quartier direkt den Kampfplatz erreichen konnten. In einigen großen Provinzstädten unterhielten die Kaiserpriester, zu deren Pflichten die Austragung von *munera* gehörte, eigene Gladiatorentruppen, aber in der Regel wurde abseits der großen kaiserlichen Kasernen die Ausbildung von Gladiatoren privatwirtschaftlich organisiert. Cicero beglückwünschte seinen Freund Atticus zum offenbar sehr günstigen Kauf einer Truppe, die bereits bei zwei Kämpfen die investierte Summe wieder habe einspielen können. Während Atticus die Gladiatorentruppe wohl nur als vorübergehendes Spekulationsobjekt kaufte, gab es Unternehmer, die auf das Gladiatorenwesen spezialisiert waren, die so genannten *lanistae*. Diese mussten eine gewisse Summe investieren, um Gladiatoren zu erwerben, Trainer, Ärzte, Wachen und übriges Personal zu bezahlen und zu versorgen sowie die Gebäude instand zu halten. Einnahmen erzielten sie durch die Vermietung oder den Verkauf ihrer Gladiatoren an die Ausrichter von *munera*. Damit ließ sich gutes Geld verdienen, das gesellschaftliche Ansehen der *lanistae* allerdings war gering, sie galten als habgierig und skrupellos.

Der Nachschub für die Arena rekrutierte sich aus vier Gruppen: Kriegsgefangenen, Sklaven, verurteilten Verbrechern und Freiwilligen. Die frühesten Gladiatoren, die 264 v. Chr. bei der Bestattung des Brutus Pera kämpften, waren Kriegsgefangene, und während der republikanischen Zeit waren diese quantitativ eine wichtige Gruppe in der Arena. Denn da die Römer praktisch ständig Krieg führten und zumeist siegreich blieben, fielen zahlreiche Feinde in ihre Hände, für Nachschub war also gesorgt. Zunächst kämpften die Kriegsgefangenen in der typischen Bewaffnung ihrer Heimat, und manche der Gladiatorengattungen bezogen daraus ihren Namen, beispielsweise der «Gallier», der «Samnit» oder der «Thraker». Die Römer schauten dabei zu, wie die Unterworfenen gegeneinander kämpfen mussten, in ihren Augen wurde dadurch die römische Überlegenheit sichtbar und der militärische Sieg reproduziert. Aus der Sicht der Organisatoren hatten Kriegsgefangene den Vorteil, dass sie bereits im Kampf ausgebildet waren und weniger Zeit benötigten, ehe sie für die Arena einsatzbereit waren. In der Kaiserzeit allerdings wurden nur unregelmäßig Kriegsgefangene gemacht: So wurden zwar nach den großen Dakerfeldzügen Domitians und Trajans viele Tausend Unterworfene zu Gladiatoren ausgebildet – in Rom erhielt eine Gladiatorenkaserne sogar den Beinamen «die Dakische» –, aber in anderen Zeiten reichten die Kriegsgefangenen bei weitem nicht mehr aus, um den Bedarf zu decken.

Deshalb waren die *lanistae* ständig auf der Suche nach kräftigen und beweglichen jungen Sklaven, die sie entweder auf Auktionen oder direkt bei deren Herren kaufen konnten. Der Verkauf in den Gladiatorendienst galt als schlimme Bestrafung für einen Sklaven: Der römische Biograph Sueton (geb. ca. 70 n. Chr.) berichtet, dass der Kaiser Vitellius (69 n. Chr.) seinen Lieblingsdiener aus einer Laune heraus an einen *lanista* verkaufte, ihn später aber wiederhaben wollte und heimlich aus der Gladiatorenkaserne entführen ließ. Unter Hadrian (117–138 n. Chr.) wurde die Verfügungsgewalt der Herren über die Sklaven eingeschränkt: Nunmehr war der Verkauf von Sklaven an einen *lanista* und von Sklavinnen an einen Zuhälter nur noch dann zulässig, wenn diese sich eines Vergehens schuldig gemacht hatten.

Inwieweit der Handlungsspielraum der Herren durch das Gesetz auch in der Praxis beschnitten wurde, ist allerdings eine andere Frage.

Im ersten nachchristlichen Jahrhundert wurde in den Strafenkatalog des römischen Rechts die Verurteilung in die Gladiatorenkaserne (*damnatio in ludum*) aufgenommen. Nach diesem Urteil wurden die Delinquenten entweder in die kaiserlichen Gladiatorenkasernen eingewiesen oder an einen *lanista* verkauft. Diese Strafe wird häufig mit der «Verurteilung zum Schwert» (*damnatio ad gladium*) verwechselt, doch dabei handelt es sich um zwei strikt voneinander zu unterscheidende Strafen, wie der römische Jurist Ulpian (ca. 170–223 n. Chr.) erläutert: Die Verurteilung «zum Schwert» war eine Form der Todesstrafe, die innerhalb eines Jahres vollstreckt werden musste, häufig in der Arena. Die «zur Gladiatorenkaserne» Verurteilten hingegen erhielten eine Ausbildung zum Gladiator, und trotz aller Lebensgefahr hatten sie die Chance, zu überleben und wieder in die Gesellschaft integriert zu werden. Denn nach Ulpian endete ihr Zwangsdienst als Gladiator nach drei Jahren; wenn sie diese Zeit überstanden hatten, erhielten sie einen Holzstab als Zeichen der ausgedienten Gladiatoren. Noch zwei weitere Jahre mussten sie bei ihrem *lanista* verbleiben, beispielsweise als Ausbilder der neuen Rekruten, dann erlangten sie ihre volle Freiheit wieder. In der Praxis wurde die Strafe manchmal noch abgemildert: Plinius der Jüngere (61/62–ca. 115 n. Chr.) berichtet in einem Brief an Trajan, dass in der Provinz Bithynien am Schwarzen Meer die Sitte eingekehrt sei, die *in ludum* Verurteilten nicht als Gladiatoren kämpfen zu lassen, sondern als Gemeindesklaven einzusetzen, zum Beispiel in der Putzkolonne. Dies allerdings ging dem Kaiser zu weit: Trajan verfügte, dass alle Verbrecher ihrer ursprünglichen Strafe zugeführt werden sollten, sofern die Verurteilung nicht länger als zehn Jahre zurücklag.

Die bisher genannten Gladiatoren haben eines gemeinsam: Sie kämpften nicht freiwillig in der Arena, sie wurden dazu gezwungen. Es gab jedoch auch eine stattliche Anzahl von Männern, die den Gladiatorendienst aus freien Stücken wählten, indem sie einen Vertrag mit einem *lanista* abschlossen. Dieser zahlte ihnen eine Geldsumme, im Gegenzug verpflichteten sie sich dazu, eine festgelegte Zeit oder eine bestimmte Anzahl von Kämpfen in seiner Gladiatorentruppe abzuleisten. Unter Zeugen sprach der künftige Gladiator den Eid, «sich brandmarken, in Ketten legen und mit dem Eisen töten zu lassen», sich also derselben harten Behandlung in der Ausbildung und denselben Todesrisiken im Kampf auszusetzen wie die unfreien Gladiatoren. Wegen dieses Vertrags (*auctoramentum*) wurden die freiwilligen Gladiatoren *auctorati* genannt. Sie traten ihre persönlichen Freiheitsrechte zum Teil an den *lanista* ab, Rechtstexte vergleichen die Gewalt des *lanista* über den *auctoratus* mit derjenigen des Vaters über seine Kinder und des Mannes über seine Ehefrau. Prinzipiell war es möglich, dass ein *auctoratus* vor dem Vertragsende aus der Gladiatorenkaserne entlassen wurde, aber in diesem Fall waren hohe Entschädigungen zu zahlen; vereinzelte Texte berichten, dass Verwandte oder Freunde das Geld aufbrachten.

Wie hoch der Anteil der *auctorati* an den Gladiatoren war, ist schwer zu beziffern. Manche Forscher gehen davon aus, dass in der Kaiserzeit mehr als die Hälfte freiwillig in der Arena kämpfte, und verweisen dazu auf die erhaltenen Grabsteine, aber hier ist Vorsicht geboten: Zwar lässt sich aus den Grabinschriften in vielen Fällen erschließen, dass die Verstorbenen freie Männer waren, doch diese Angaben beziehen sich auf den Zeitpunkt des Todes, nicht auf den Eintritt in den Gladiatorendienst. Es kann sich folglich durchaus um Männer handeln, die gegen ihren Willen als Kriegsgefangene, Sklaven oder verurteilte Verbrecher Gladiatoren wurden, aber im Verlauf der Karriere ihre Freiheit (wieder-)erlangten. Sicherere Anhaltspunkte liefern einige erhaltene Inventare von Gladiatorenkasernen, die neben Namen und Waffengattung der Gladiatoren auch deren personenrechtlichen Status nennen: Frühkaiserzeitliche Inschriften lassen in diesem Punkt eine deutliche Mehrheit der unfreien gegenüber den freien Gladiatoren erkennen: 19 zu 7 ist das Verhältnis in Pompei, 10 zu 2 in Thasos. Spätere Inschriften hingegen zeigen ein Gleichgewicht oder sogar ein leichtes Übergewicht der freien Gladiatoren, offensichtlich nahm ihr Anteil im Verlauf der Kaiserzeit zu.

Wie hoch auch immer ihr Anteil war, zunächst erscheint es überraschend, dass es überhaupt junge Männer gab, die diesen riskanten Weg einschlugen. Es ist allerdings anzunehmen, dass die meisten von ihnen aus den unteren gesellschaftlichen Schichten kamen, in denen die Lebensumstände hart, Hunger an der Tagesordnung und die Aufstiegsmöglichkeiten begrenzt waren. Der Eintritt in die Gladiatorenkaserne erschien jenen daher durchaus attraktiv, denn neben der Geldzahlung bot sie weitere Vorteile: regelmäßige Ernährung, medizinische Versorgung, ein soziales Netz in der Gemeinschaft der Gladiatoren. Und wenn die literarischen Quellen abschätzig von Geldgier als Motiv sprechen, dann ist dies die elitäre Perspektive, welche die Lebensumstände der armen Leute nicht berücksichtigt. Maßlos übertrieben ist schließlich die Klage des älteren Seneca (ca. 55 v. Chr.–ca. 40 n. Chr.), der römischen Armee fehlten die Rekruten, weil alle jungen Männer in den Gladiatorendienst strömten: Weder hatte die römische Armee in dieser Zeit Nachwuchsprobleme, noch drängte es massenhaft Menschen zum Kampf in die Arena.

2. Das ambivalente Urteil der Gesellschaft: Helden der Arena und verachtete Außenseiter

Es gab noch ein weiteres Motiv, den Gladiatorendienst zu wählen: Viele junge Männer werden davon geträumt haben, einmal so berühmt zu werden wie die großen Stars der Arena. Genau wie heutige Fans die Namen ihrer Lieblingsfußballer auf Bänke und Wände kritzeln, ritzten die Römer diejenigen der Gladiatoren in den Wandputz von Häusern und öffentlichen Gebäuden: Keine andere Personengruppe kommt auf diesen Graffiti häufiger vor, was ein eindeutiges Indiz für die Bekanntheit der Gladiatoren ist. Bereits im Vorfeld von *munera* wurden Vermutungen über das Teilnehmerfeld angestellt, und jeder hoffte, dass sein persönlicher Favorit antreten würde. Entsprechend bemühten sich die Ausrichter darum, möglichst viele bekannte Stars für ihre Spiele zu gewinnen, und sie waren bereit, dafür hohe Summen zu zahlen: Kaiser Tiberius (14–37 n. Chr.) soll einigen berühmten Gladiatoren, die sich bereits aus der Arena zurückgezogen hatten, 100 000 Sesterzen für ein Comeback angeboten haben. Im Amphitheater selbst wurden die Gladiatoren mit lautem Jubel begrüßt, die Fans skandierten die Namen ihrer Lieblinge und feuerten sie lautstark an; wer besonders beliebt war, konnte davon ausgehen, im Falle einer Niederlage begnadigt zu werden. Und auch die römische Aristokratie war von der Begeisterung für Gladiatoren nicht ausgenommen: Reiche Senatoren und Kaiser suchten die Nähe zu den Stars der Arena und beschenkten diese reichlich mit Geld oder mit Prunkvillen.

Vor allem zwei Eigenschaften waren es, für die Gladiatoren gerühmt wurden: schnelle und kraftvolle Kampfkunst und unerschütterlicher Mut. Zur Kampfkunst ist zunächst zu sagen, dass das Publikum durchaus eine gewisse Expertise besaß. Ein Teil hatte in der römischen Armee gekämpft, und die Ausbildung der Legionäre und der Gladiatoren am Schwert wies einige Parallelen auf. Und mancher Römer übte sich zu Trainingszwecken im Gladiatorenkampf, dies ist unter anderem für Kaiser Hadrian überliefert. Die Kampfkünste von Gladiatoren, ihre Kraft, Behändigkeit und taktische Raffinesse wurden so häufig diskutiert, dass sie sprichwörtlich wurden; der Rhetoriklehrer Quintilian vergleicht die Techniken des guten Redners mit den Fähigkeiten eines Gladiators. Noch mehr aber war das Publikum vom Mut der Gladiatoren beeindruckt: Die Unerschütterlichkeit im Angesicht des Todes beeindruckte Philosophen (→Kap. VIII. 1) und übte, so ein verbreitetes Urteil in der lateinischen Literatur, eine starke Anziehungskraft auf Frauen aus. Der Dichter Juvenal spottet über die Frau eines Senators, die ihre angesehene Stellung aus Liebe zu einem Gladiator aufgab, dessen Äußeres von den Kämpfen in der Arena gezeichnet war: «Vieles entstellte sein Gesicht, so ein vom Helm wundgeriebener, gewaltiger Höcker mitten auf der Nase und sein hartnäckiges Leiden, das stets triefende Äuglein. Aber er war ein Gladiator. Dies machte seinesgleichen zu einem Hyacinthus (d. h. einem sprichwörtlich schönen Jüngling der griechischen Mythologie), dies zog sie den Kindern und der Heimat vor, dies der Schwester und dem Ehemann: Das Schwert ist es, was sie lieben.» Körperliche Vorzüge konnte dieser Gladiator demnach nicht (mehr) aufweisen, allein die Tatsache, dass er ein Gladiator war, machte ihn laut Juvenal unwiderstehlich. Man wird dem Satiriker nicht jedes Wort glauben, doch die sexuelle Attraktivität der Gladiatoren war mehr als ein literarisches Klischee: Wandinschriften aus Pompei bezeichnen Gladiatoren als «Herr der Mädchen» oder als «Seufzen der Mädchen»; von einem *retiarius* wird geschrieben, er fange mit seinem Netz nicht nur seine Gegner, sondern auch «die Mädchen in der Nacht».

Diese Bewunderung ist jedoch nur die eine Seite der Medaille. Die andere zeigt eine allgemeine Verachtung gegenüber den Gladiatoren, die als gesellschaftliche Randgruppe wahrgenommen wurden. «Gladiator» war ein Schimpfwort, mit dem Cicero politische Gegner belegte, um sie als niedrigstehend und moralisch verwerflich zu deklassieren; der Traumdeuter Artemidor (Mitte 2. Jh. n. Chr.) bezeichnet das Gladiatorenhandwerk als «rohe und frevelhafte Art, mit Menschenblut seinen Lebensunterhalt zu verdienen», das durch schreckliche nächtliche Traumbilder angekündigt werde. Eine Inschrift aus Sarsina in der Emilia-Romagna verbietet mehreren Gruppen die Bestattung auf einem neu errichteten Friedhof, und unter den genannten Gruppen befinden sich neben Zuhältern, Prostituierten und Selbstmördern auch die Gladiatoren. Kaiser Septimius Severus (193 bis 211 n. Chr.) wies einmal eine Gesandtschaft ab, weil sich unter den Gesandten ein ehemaliger Gladiator befand. Die Stigmatisierung endete also selbst dann nicht, wenn ein Gladiator viele Kämpfe überlebt und sich aus der Arena zurückgezogen hatte. Ein unter Augustus erlassenes Gesetz verbot es sogar, dass den Sklaven, die als Gladiatoren kämpften, im Falle einer Freilassung das römische Bürgerrecht zuerkannt wurde, wie dies ansonsten bei Freilassungen üblich war. Darüber hinaus unterlagen alle Gladiatoren nach der Entlassung aus dem Dienst der *infamia*, einer rechtlichen Zurücksetzung, die unter anderem eine Bekleidung öffentlicher Ämter unmöglich machte und Einschränkungen beim Erb- und Zeugnisrecht nach sich zog.

Sucht man nach den Gründen für diese rechtliche und soziale Diskriminierung, so ist zunächst zu berücksichtigen, dass die römische Gesellschaft eine klare Hierarchisierung von Personengruppen und von Handlungsräumen kannte. Die Senatoren, durch einen breiten Purpurstreifen und viele andere Standesabzeichen hervorgehoben, sollten sich nach traditioneller römischer Auffassung auf die politische und militärische Karriere konzentrieren. Ruhm und Ehre konnte ein Senator erwerben, indem er auf der Ämterleiter emporstieg und römische Truppen zu Siegen führte. Sonstige Fähigkeiten im öffentlichen Raum zu präsentieren, galt hingegen als unschicklich, ganz im Gegensatz zu den Griechen: Die griechische Aristokratie erachtete es für ruhmvoll, durch Schönheit, Tanz- und Gesangskünste oder sportliche Talente zu glänzen, und ein Sieg bei den Olympischen Spielen wurde weitaus höher eingestuft als die Bekleidung eines öffentlichen Amtes. Deshalb genossen die Protagonisten der öffentlichen Spiele in Griechenland großes Ansehen, doch in Rom waren sie gesellschaftliche Randfiguren, und dies galt für die Gladiatoren ebenso wie für Wagenlenker oder Schauspieler: Auch Letztere waren häufig Sklaven, und sie unterlagen wie die Gladiatoren der *infamia*. Über die *auctorati* berichten die Quellen deshalb besonders verächtlich, weil sie ihren Körper gegen Geld zur Verfügung stellten, nicht zufällig nennen die Texte Gladiatoren und Prostituierte häufig im selben Atemzug.

Diese Spannung zwischen Verehrung und Diskriminierung der Gladiatoren wurde auch in der Antike schon beobachtet. Der Kirchenvater Tertullian (ca. 160–220 n. Chr.) schreibt in seiner Polemik gegen die römischen Spiele: «Die Personen, die als Veranstalter und Darsteller der Schauspiele dienen, die so heißgeliebten Wagenlenker, Bühnenhelden, Boxer und Gladiatoren, welchen die Männer ihre Seelen, die Weiber auch noch sogar ihre Leiber preisgeben, denen zu Liebe sie Dinge an ihren Leibern begehen, die sie sonst tadeln – die schätzt man gering, und setzt sie herab wegen derselben Kunst, weshalb man sie hochhält. Ja, man verdammt sie sogar zur *infamia* und zum Nichtbesitz der bürgerlichen Rechte, und schließt sie von der Ratsversammlung, der Rednertribüne, dem Senat, dem Ritterstand, von sämtlichen Ehrenstellen und gewissen Auszeichnungen aus. Welche Verkehrtheit (*quanta perversitas*)!» Was Tertullian bezeichnet, ist eine gesellschaftliche Paradoxie, die aus der fest gefügten römischen Sozialordnung auf der einen Seite und der großen Popularität der Spiele auf der anderen resultierte.

Wenn sich Senatoren darin übten, wie Gladiatoren zu kämpfen, war dies so lange gesellschaftlich unproblematisch, wie sie es außerhalb der Öffentlichkeit taten. In der späten Republik und frühen Kaiserzeit allerdings strebten einige Männer hohen Standes eine reguläre Karriere als Gladiator an und nahmen dafür nicht nur das Todesrisiko der Arena, sondern auch die genannten gesellschaftlichen Sanktionen in Kauf. Die antiken Gewährsleute gehen recht ausführlich auf diese Fälle ein, doch man darf daraus nicht schließen, dass es sich um ein häufiges Phänomen handelte. Vielmehr werden die Fälle gerade deshalb so betont, weil sie außergewöhnlich und für römische Verhältnisse skandalös waren. Das Motiv ist wahrscheinlich in den veränderten politischen Umständen zu suchen: Da eine klassische politische Karriere unter den Umständen der späten Republik und des frühen Prinzipats nicht mehr so attraktiv erschien, suchten sich einige junge Aristokraten andere Wege, um Ruhm zu erlangen. Der traditionellen Senatsmehrheit war dies ein Dorn im Auge, und es kam zu gesetzlichen Verboten: Ein Senatsbeschluss des Jahres 19 n. Chr. untersagte es Senatoren, Rittern und all ihren Angehörigen, als Schauspieler, Tierkämpfer oder Gladiator aufzutreten. Begründet wird das Verbot damit, dass solche Auftritte die «Standeswürde» verletzten; die höchsten gesellschaftlichen Gruppen sollten zwar bei den Spielen anwesend sein, aber auf den Zuschauerplätzen, nicht auf der Bühne oder in der Arena!

Wenn schon die Auftritte von Senatoren und Rittern als Pervertierung der römischen Gesellschaftsordnung wahrgenommen wurden, so war die Abscheu der konservativen Kreise noch größer, wenn römische Kaiser ihre Fähigkeiten bei öffentlichen Spielen zeigten. Diese Fälle sind bereits in der Antike skandalisiert worden, und in der filmischen Rezeption dienen sie dazu, die Dekadenz Roms zu illustrieren. Nero (54–68 n. Chr.) nahm als Dichter und als Wagenlenker an Wettkämpfen teil, die er selbstverständlich alle gewann, Commodus (180–192 n. Chr.)

kämpfte in den letzten Jahren seiner Herrschaft im Amphitheater. Dabei trat er zunächst als Tierkämpfer an, wobei er allerdings das Risiko minimierte, indem er seinen Platz nicht in der Arena einnahm, sondern auf der sicheren Balustrade, von der aus er die Tiere mit Speeren beschoss. Auch als Gladiator wählte er die weniger gefährliche Variante, nämlich den Kampf mit Holzwaffen, der als Vorspiel üblich war; seine bevorzugte Waffengattung war der *secutor*. Nach Cassius Dio, der selbst Augenzeuge der Ereignisse war, wählte sich Commodus seine Gegner selbst aus, mal aus dem Kreise der regulären Gladiatoren, mal aus dem anwesenden Volk. Die Schiedsrichter erkannten ihm bei allen Gefechten den Sieg zu, und Commodus ließ sich für seine Kampfkünste viel höhere Gagen auszahlen, als die übrigen Gladiatoren erhielten. Den Amtsantritt des Jahres 193 wollte er in der Bewaffnung eines Gladiators antreten, doch zuvor wurde er ermordet. Aus dem Bericht Dios (ca. 160–230 n. Chr.) wird die Abscheu deutlich, die Senatoren gegenüber dem Gebaren des Kaisers empfanden, und hierin ist auch ein Grund für die Ermordung zu sehen. Während man das Verhalten des Commodus früher als Beispiel für Cäsarenwahn ansah, als eine aus zu großer Macht erwachsene psychische Deformation, interpretiert man es heute eher als Versuch, das römische Kaisertum auf eine neue Grundlage zu stellen und stärker auf die Verehrung des Volkes als auf die Unterstützung des Senats zu gründen. Auch inszenierte er sich als neuer Herkules mit Keule und Löwenfell und zeichnete so ein besonders heroisches Bild von sich.

V. Das Leben als Gladiator

1. Alltag in der Gladiatorenkaserne

Der Eintritt in den *ludus*, ob er nun aus freien Stücken oder gezwungenermaßen erfolgte, veränderte das Leben des künftigen Gladiators fundamental. Gladiatoren waren gesellschaftlich entwurzelt, denn aus den früheren sozialen Bindungen wurden sie herausgerissen, und von nun an bestimmte die Zugehörigkeit zur Welt der Arena ihr tägliches Leben und ihre Identität. Einige literarische Zeugnisse und Inschriften liefern zwar auch Hinweise auf ein Familienleben, aber diese beziehen sich auf altgediente Gladiatoren, die den *ludus* wieder verlassen hatten und sich selbst vermarkteten. Solange sie noch in der Kaserne lebten, dominierten die Hierarchien und Beziehungsnetze unter den Gladiatoren. Es ist bezeichnend, dass der lateinische Fachbegriff für eine Gladiatorentruppe *familia* lautet, denn die Kameraden bildeten nun in der Tat die «Familie»: Gladiatoren lebten, schliefen, aßen und trainierten zusammen, und sie bildeten eine Schicksalsgemeinschaft, indem sie gleichermaßen den Tod vor Augen hatten und die Hoffnung besaßen, aus eigener Kraft die Kämpfe in der Arena zu überleben.

Die neue soziale Existenz war auch am Namen abzulesen: Üblicherweise nahmen die angehenden Gladiatoren einen «Kampfnamen» an, bei denen es sich nicht lediglich um Spitznamen unter Kameraden handelte, sondern um neue reguläre Namen, die den vorigen zivilen Namen weitgehend ersetzten; in manchen Inschriften werden auch beide Namen aufgeführt. Häufige Gladiatorennamen waren Victor («der Sieger») oder Ferox («der Wilde»), beliebt war auch die namentliche Anlehnung an die Helden der griechischen Mythologie, beispielsweise Achilleus oder Polyneikes. Alle diese Namen haben einen Bezug zum mutigen bewaffneten Kampf und lassen sich daher leicht erklären, andere geben Rätsel auf: Ein in Smyrna, dem heutigen Izmir an der türkischen Westküste, bestatteter Gladiator trug den Kampfnamen Passerinus, was «Spätzchen» bedeutet. Dies klingt nun alles andere als martialisch, es sei jedoch daran erinnert, dass verniedlichende Kampfnamen auch in der modernen Boxszene vorkommen. Ein Beispiel ist «Sugar» Ray Leonard, einer der bekanntesten Boxer der 1980er Jahre.

Über die konkreten Lebensverhältnisse in den Gladiatorenkasernen wissen wir heute viel besser Bescheid als noch vor einigen Jahren. Dies ist der Entdeckung eines Gladiatorenfriedhofs in Ephesos durch österreichische Archäologen zu verdanken, denn die Skelette liefern wertvolle Hinweise auf Ernährung, medizinische Versorgung und Training. Eine chemische Analyse ergab, dass sich Gladiatoren sehr fleischarm ernährten – abzulesen an einem hohen Strontiumanteil in den Knochen – und stattdessen vor allem Gerstenbrei und Bohnen aßen. Karies war aufgrund der kohlenhydratreichen und breiigen Nahrung unter Gladiatoren stärker verbreitet als in anderen Bevölkerungsgruppen des Römischen Reiches. Nachgewiesen werden konnte auch ein antiker «Energiedrink», dem Knochenasche zugesetzt wurde. Dies alles passt gut zu den Angaben antiker Autoren, die Gladiatoren gern als *hordearii* («Gerstenfresser») verspotten und ihr Essen als ungenießbar bezeichnen. Doch wie unappetitlich die Nahrung auch gewesen sein mag, ausreichend waren die Mahlzeiten jedenfalls, denn Zeichen einer Mangelernährung weisen die Knochen aus Ephesos nicht auf.

Auch in medizinischer Hinsicht war für die Gladiatoren gesorgt. Mehrere Schädel weisen gut verheilte Verletzungen auf, und Knochenbrüche waren fachgerecht behandelt worden. Auch unter diesem Gesichtspunkt stimmt der osteologische Befund mit den Schriftquellen überein, welche die Anwesenheit von guten Ärzten in den *ludi* belegen. Sogar Galen, der berühmteste Arzt der römischen Kaiserzeit, war einige Jahre (157–161 n. Chr.) Gladiatorenarzt und rühmt sich in seinen Erinnerungen, dass in dieser Zeit kein einziger Gladiator außerhalb der Arena zu Tode kam, das heißt an Krankheiten oder Wunden verstarb. Auch Masseure für Gladiatoren sind bezeugt, so dass für ihren Körper weit besser gesorgt war als für den Durchschnitt der römischen Bevölkerung. Es waren kaum humanitäre Argumente, die Besitzer von Gladiatorenkasernen zu einer reichlichen Ernährung und guten medizinischen Versorgung ihrer Truppe animierten, sondern vielmehr ökonomische: Gut ausgebildete Gladiatoren waren wertvoll, und es ließen sich höhere Preise für ihre Auftritte erzielen, wenn sie gesund und bei vollen Kräften waren.

Auch auf das Training der Gladiatoren geben die Skelette aus Ephesos Hinweise: An den Arm- und Beinknochen finden sich so genannte «muscle marker», also Zeichen einer starken Muskulatur, wie sie nur durch regelmäßiges intensives Training zu erzielen war. Gladiatoren übten täglich, und zwar mit Holzwaffen, dabei wurden als Ziele hölzerne Pfähle (*pali*) benutzt. Das Waffentraining der Legionäre scheint sehr ähnlich gewesen zu sein, und die antiken Gewährsleute überliefern, dass bisweilen Gladiatoren zur Unterweisung der römischen Soldaten angeheuert wurden; zum ersten Mal ist dies nach der vernichtenden Niederlage gegen die Germanen im Jahr 105 v. Chr. überliefert, als die Römer neue Wege der Kriegführung suchten. In den größeren *ludi* trainierten die Gladiatoren nach Waffengattungen getrennt und hatten jeweils spezialisierte Ausbilder; man verfolgte das Ziel, dem Publikum nicht einfach starke Berserker zu bieten, sondern technisch präzise ausgebildete Kämpfer. In aller Regel blieben die Gladiatoren ihrer *armatura* treu, es galt als große und besonders rühmenswerte Ausnahme, wenn ein Kämpfer in verschiedenen Waffengattungen konkurrenzfähig war.

Es war den Römern natürlich bewusst, welche Gefahr von diesen hochtrainierten Kampfmaschinen ausging, wenn sie sich nicht mit ihrem Schicksal abfanden. 73 v. Chr. gelang es einigen Dutzend Gladiatoren unter Führung des Thrakers Spartacus, aus dem *ludus* des Lentulus Baetiatus bei Capua auszubrechen und sich an den Hängen des Vesuv festzusetzen. Erste römische Truppen, die zur Niederschlagung des Aufstandes geschickt wurden, mussten empfindliche Schlappen hinnehmen, und den Gladiatoren strömten bald zahlreiche entlaufene Sklaven zu. Letztlich waren es mehrere Zehntausend Mann, die zunächst nach Norditalien zogen, um sich anschließend wieder nach Süden zu wenden; die Römer erlitten weitere Niederlagen und brauchten letztlich drei Jahre, um den Aufstand niederzuschlagen. Spartacus selbst fiel, Tausende Überlebende wurden entlang der Via Appia gekreuzigt. Obwohl er letztlich scheiterte, handelt es sich um den erfolgreichsten Sklavenaufstand der Geschichte, denn Spartacus und seine Anhänger konnten sich jahrelang im Kernland einer Weltmacht behaupten. Der Anführer ist, vor allem durch seine Idealisierung in der marxistischen Tradition, längst zu einem Mythos geworden, glaubhafte Informationen zu seinem Charakter und seinen Zielen besitzen wir nicht. Auf jeden Fall muss er über ein hervorragendes taktisches Geschick und große Ausstrahlung verfügt haben, um den zusammengewürfelten Haufen der Aufständischen zu einem schlagkräftigen Heer zu formen.

Nie wieder ging von Gladiatoren eine solche Gefahr für das Römische Reich aus, auch weil die Sicherungsmaßnahmen verstärkt wurden. Nur noch vereinzelt kam es zu lokal begrenzten Ausbrüchen von Gladiatoren: 64 n. Chr. konnte die Garnison von Präneste die Situation rasch unter Kontrolle bringen, unter Kaiser Probus (276–282) entkamen etwa 80 Gladiatoren aus einer Kaserne in Rom selbst und plünderten die Umgebung, bevor die kaiserliche Armee die Revolte niederschlug. Um die Gefahr von Aufständen zu verringern, wurden die Gladiatoren in den *ludi* nachts in Ketten gelegt.

2. Lebenserwartung und Karrieren

Es gibt keine direkten Zeugnisse für das Alter, in dem Gladiatoren in den *ludus* eintraten, man wird hier mit einer gewissen Varianz rechnen müssen. Grabinschriften zeigen, dass manche von ihnen bereits mit 16 oder 17 Jahren in der Arena ums Leben kamen, so dass wohl zumindest ein Teil der Gladiatoren in sehr jungen Jahren den Dienst begann. Denn vor dem ersten Kampf lag zunächst eine mehrmonatige Ausbildungszeit, während der man analog zur römischen Legion als «Rekrut» (*tiro*) bezeichnet wurde.

Die Anzahl der Kämpfe, die von den Gladiatoren zu bestrei-

ten waren, schwankten stark. Eine Inschrift berichtet von einem
Mann, der bei den Triumphalspielen Trajans neun Kämpfe an
neun aufeinanderfolgenden Tagen bestritt und daraufhin freige-
lassen wurde. Dies war sicher die große Ausnahme, denn übli-
cherweise absolvierte ein Gladiator bei einem *munus* nur einen
Kampf. Andernfalls wäre schwer zu erklären, warum auf den
Ankündigungen die Anzahl der Gladiatoren üblicherweise in
Paaren angegeben wurde. Doch da ein *lanista* in der Regel mit
seiner Truppe umherzog, konnte er seine Gladiatoren in einem
Jahr an verschiedenen Orten vermieten. Ein *secutor* namens
Kampanos soll in seiner Karriere insgesamt 65 Kämpfe bestritten haben, für andere Kämpfer sind 50 oder 48 Siege belegt.
Der Gladiator Flamma, der im Alter von 30 Jahren starb, hatte
34 Kämpfe bestritten, davon 21 Siege, neun Unentschieden und
vier Niederlagen; seine Karriere belegt, dass ein Gladiator, wenn
er eine Fangemeinde gewonnen hatte, selbst bei mehrfachen
Niederlagen auf eine Begnadigung hoffen konnte. Ein Gladiator
aus Nîmes kam als Sklave in einen *ludus*, wurde aber nach
20 Kämpfen freigelassen. Rechnet man mit einem Zeitraum von
drei bis fünf Jahren bis zur Freilassung, ergibt sich eine Anzahl
von vier bis sieben Kämpfen im Jahr. Bei einem Gladiator, der
mit 38 Jahren nach nur 18 Kämpfen starb, wird man entweder
ein sehr spätes Eintrittsalter in die Arena oder eine sehr niedrige
Frequenz der Kämpfe anzunehmen haben.

Die Historiker Keith Hopkins und Mary Beard haben aus
den Grabinschriften errechnet, dass die Gladiatoren durch-
schnittlich mit 22,5 Jahren ums Leben kamen. Doch in der Realität wird die Lebenserwartung noch kürzer gewesen sein, denn
die Grabinschriften liefern keinen repräsentativen und zufälli-
gen Querschnitt. Kenntnis haben wir vielmehr vor allem von
denjenigen Gladiatoren, die zumindest einige Siege errungen
und damit Mittel und Ansehen erworben hatten, so dass ihnen
nach ihrem Tod ein Grabstein gesetzt wurde. Viele Gladiatoren,
die bei einem ihrer ersten Kämpfe umkamen, haben hingegen
keine Spuren hinterlassen. Im Regelfall endete eine Gladiato-
renkarriere, davor sollte man nicht die Augen verschließen, mit
einem frühen Tod in der Arena.

Üblicherweise nach drei Jahren wurden die unfreien Gladiatoren aus dem Dienst entlassen, die *auctorati* nach der vertraglich festgesetzten Zeit oder Kampfzahl. Erkennungszeichen der ausgedienten Gladiatoren war die *rudis*, ein Holzstab. Zumeist blieben die Veteranen der Arena verbunden, indem sie als Ausbilder oder als Schiedsrichter tätig wurden. Dies waren durchaus ehrenvolle Tätigkeiten: Publius Aelius aus Pergamon erlangte das Bürgerrecht von gleich neun Städten. Manche setzten ihre Karriere auch als freie Männer fort, und dies war lukrativ: Denn sie wurden nun nicht mehr über den *lanista* vermietet, sondern konnten die Gagen für ihre Auftritte selbst aushandeln, und da sie als erfahrene Kämpfer sehr begehrt waren, hatten sie viel größere Einnahmen. In einer Stelle bei Petronius (ca. 14–66 n. Chr.) wird ein *munus* besonders gepriesen, weil die Gladiatoren nicht von einem *lanista* gemietet, sondern aus Freigelassenen zusammengestellt wurden; und üblicherweise wurde bei *munera* das besonders gelobt, was teuer war. Für diejenigen Gladiatoren, die nach ihrer Freilassung nicht mehr in der Arena kämpfen wollten, gab es die Möglichkeit, als Leibwächter zu arbeiten. Hier bestand in den unruhigen Zeiten der späten Republik, als Gewalt auf den Straßen Roms an der Tagesordnung war, eine große Nachfrage, und auch in der Kaiserzeit umgaben sich manche gerne mit Gladiatoren, beispielsweise Caligula; für ihn war aber weniger der Sicherheitsaspekt als sein Faible für die Helden der Arena ausschlaggebend, die bisweilen beim abendlichen Gastmahl Kostproben ihrer Kampfkunst zum Besten gaben. Manche Gladiatoren werden sich auch, wie der augusteische Dichter Horaz andeutet, mit dem in der Arena verdienten Geld ein Stück Land gekauft und eine neue Existenz als Bauer begründet haben.

Es kann nur grob geschätzt werden, wie viel Geld ein Gladiator in der Arena verdienen konnte. Der *auctoratus* handelte seine Bezahlung mit dem *lanista* selbst aus, belastbare Summen nennen unsere antiken Gewährsleute nicht. Aus einer Inschrift zu den Kosten der *munera* (→ VII. 3) aus dem Jahr 177 lässt sich errechnen, dass siegreiche Gladiatoren nach dem Kampf zwischen 15 und 75 Sesterzen kassierten, wenn sie *auctorati* waren, und zwischen 12 und 60 Sesterzen, wenn es sich um unfreie

Gladiatoren handelte. Zum Vergleich: In dieser Zeit lag der Jahressold eines Infanteristen in den römischen Hilfstruppen bei 400 Sesterzen, eines Legionärs bei 1200 Sesterzen, die Soldaten mussten davon allerdings für ihre Ausrüstung selbst aufkommen, die Gladiatoren nicht.

Nach welchen Kriterien die Waffengattung für einen Gladiatoren-Rekruten bestimmt wurde, ist nicht überliefert, wahrscheinlich achtete man in dieser Frage auf den Körperbau und bildete die stämmigeren Männer zu schwerbewaffneten *murmillones* und *secutores* aus, die leichteren hingegen zu *retiarii* und *thraeces*. In vielen Fällen wird der *lanista* aber auch schlicht danach gestrebt haben, die im letzten Kampf entstandenen Lücken in seinem Personal zu schließen. Eine hierarchische Abstufung der Waffengattungen scheint es nicht gegeben zu haben, doch weckten einzelne *armaturae* bestimmte Assoziationen: So scheint man den *retiarius* mit seinem tänzelnden Kampfstil eher als feminin wahrgenommen zu haben, den *murmillo* hingegen als besonders männlich. Eine ganz andere Typisierung zeigt allerdings das «Traumbuch» des Artemidor aus dem 2. nachchristlichen Jahrhundert: Dieser liefert eine detaillierte Charakteristik der einzelnen *armaturae*, indem er diese jeweils einem bestimmten Frauentyp zuordnet – und die Bewertungen sind fast durchweg negativ! «Ich habe häufig die Erfahrung gemacht, dass dieses Traumgesicht [d. h. der Traum, als Gladiator zu kämpfen] die Ehe mit einer Frau voraussagt, die so geartet ist wie die Waffen, die man führt, oder wie der Gegner, mit dem man zu kämpfen glaubt. Doch weil man ohne genaue Bezeichnungen keine klaren Ausführungen geben kann, will ich sie anführen. Ist der Gegner ein *thraex*, wird man eine reiche, durchtriebene und geltungssüchtige Frau heiraten; eine reiche, weil jener durch seine Rüstung gedeckt ist, eine durchtriebene wegen des Krummsäbels, eine geltungssüchtige, weil er angreift. Kämpft man mit einem *murmillo*, so wird man eine Frau bekommen, die schön, ziemlich reich, treu, haushälterisch und dem Mann zu Willen ist. Denn der *murmillo* weicht zurück und ist gedeckt, auch ist seine Ausrüstung schöner als die erstere. Hat man es mit einem *secutor* zu tun, wird man eine Frau heiraten, die zwar hübsch und reich ist, die aber auf ihren Reichtum sich etwas zugutehält, deswegen ihren Mann verachtet und ihm viel Ärger bereiten wird; denn der *secutor* verfolgt immer. Sieht man sich einem *retiarius* gegenüber, wird man eine bettelarme, liebestolle Gassendirne ehelichen, die sich jedem Liebhaber an den Hals wirft. Ein *eques* prophezeit ein reiches, aus gutem Haus stammendes Frauenzimmer, das jedoch wenig Verstand besitzt. Der *essedarius* bedeutet ein träges und stumpfsinniges, der *provocator* ein schönes und liebenswürdiges, doch dreistes und liebestolles Weibsbild. Der *dimachairos* und der sogenannte *arbelas* bezeichnen eine Giftmischerin oder sonst ein bösartiges oder hässliches Weib. Diese Ausführungen schreibe ich nicht in gutem Glauben, noch aufgrund von Überlegungen, die von der Wahrscheinlichkeit ausgehen, sondern aus reiner Erfahrung, die mich vielfach lehrte, dass die Träume jeweils so ausgehen.»

Eine hierarchische Struktur gab einer Gladiatorentruppe das *palus*-System, benannt nach dem hölzernen Trainingspfahl. Das System wurde im 1. Jahrhundert n. Chr. in den kaiserlichen *ludi* entwickelt und verbreitete sich rasch im ganzen Imperium Romanum, es belegte jeden Gladiator mit einem Zusatz wie «erster *palus*», «zweiter *palus*», «dritter *palus*» usw.; je niedriger die Zahl, desto höher der Rang. Die Kriterien für die Klassifizierung sind nirgendwo überliefert, liegen aber auf der Hand: Die Qualität als Kämpfer, das Dienstalter, vor allem aber die Anzahl der errungenen Siege werden eine Rolle gespielt haben, eventuell auch die Beliebtheit beim Publikum. Jede Waffengattung hatte ihre eigene Rangordnung, dies zeigen Bezeichnungen wie «erster *palus* der *secutores*». Anfänger fingen im untersten *palus* an und kämpften sich langsam nach oben, bis sie im ersten *palus* angekommen waren; eine Herabstufung aufgrund schlechter Performance gab es wahrscheinlich nicht. Wenn in den Gladiatoreninschriften der *palus* genannt wird, ist es zumeist der erste; daraus darf man nicht schließen, dass die Mehrheit der Gladiatoren diesen höchsten Rang besaß, vielmehr gab man diesen besonders häufig an, eben weil man stolz darauf war. Die Anzahl der *palus*-Ränge in einer Gladiatorenkaserne dürfte je nach ihrer Größe variiert, zumeist wohl bei vier oder fünf gelegen haben. Einen achten *palus*, wie er in Aphrodisias (Westkleinasien) bezeugt ist, dürfte es nur selten gegeben haben.

Die Hierarchie spielte ähnlich wie in der Armee eine große Rolle im täglichen Leben. Die erfahrenen Haudegen setzten die Verhaltensregeln fest und sorgten intern für die Disziplinierung von Neulingen, und sie waren auch das Sprachrohr der Truppe gegenüber dem *lanista*. Dem kompetitiven Ehrgeiz der Männer bot das *palus*-System eine Skala, an der sie ihren eigenen Fortschritt messen konnten, die Organisatoren von *munera* fanden darin eine Orientierung für die Paarungen der Kämpfer. Denn man achtete darauf, dass möglichst gleichrangige Gladiatoren gegeneinander antraten, um dem Publikum einen ausgeglichenen und spannenden Kampf zu bieten. Sehr interessant ist, dass es bei der Rangdifferenzierung offenbar keine Rolle spielte, ob der Gladiator als Unfreier oder aus freien Stücken in den *ludus* gelangt war, denn auch Sklaven sind unter den *primi pali* bezeugt. Dieser Befund ist äußerst überraschend, denn üblicherweise markierte die Differenzierung in Freie und Unfreie in der römischen Gesellschaft eine klare hierarchische Abstufung. Die gesellschaftliche Entwurzelung der Gladiatoren wird durch diesen Befund bestätigt: Welchen Status man ‹draußen› gehabt hatte, war im *ludus* nicht mehr wichtig, hier zählte allein die Existenz als Gladiator und die Qualität beim Kampf in der Arena.

Es war schon davon die Rede, dass Gladiatorenkämpfe im ganzen Römischen Reich ausgetragen wurden, und viele Gladiatoren kamen weit herum. Ebenso wie die Ausrichter von *munera* möglichst exotische Tiere aus weit entfernten Regionen präsentieren wollten, bemühten sie sich um Gladiatoren aus anderen Provinzen des Reiches; auf einer Werbeinschrift für ein *munus* in Pompei heißt es, die antretenden Gladiatoren seien «in der ganzen Welt begehrt». In den Grabinschriften der Gladiatoren lässt sich diese regionale Mobilität von Gladiatoren gut ablesen: Unter den in Nîmes bestatteten Gladiatoren befinden sich Ägypter, Araber, Griechen, Spanier und Gallier; auf Kreta verstarb ein Gladiator aus der Troas in der heutigen Nordwesttürkei, in Ephesos ein Ägypter. Phoibos aus Kyzikos am Marmarameer

Abb. 8: Grabdenkmal des Satornilos (2. oder 3. Jh., aus Smyrna)

kämpfte in Kleinasien, Thrakien, Makedonien und Thessalien; ein auf Kreta bestatteter Gladiator hatte in Ephesos, Tralleis, Laodikeia und Aphrodisias gekämpft, also verschiedenen Orten in Kleinasien. Es ist anzunehmen, dass diese Mobilität in der Regel unfreiwillig war und die gesellschaftliche Entwurzelung der Gladiatoren verstärkte. Allerdings gab es auch stehende Truppen: Hierzu sind vor allem die großen kaiserlichen *ludi* in Rom zu nennen, die den hohen Bedarf an Gladiatoren bei den hauptstädtischen Spielen deckten, aber auch die Gladiatorenkaserne in Pergamon, in der Galen als Arzt wirkte. Kämpfte ein Gladiator häufiger im selben Amphitheater, erhöhten sich seine Chancen, eine feste Fangruppe aufzubauen, und damit besaß er bessere Überlebenschancen für den Fall, dass er einmal einen schwächeren Kampf lieferte und in der Arena unterlag.

In der *familia* fanden die gesellschaftlich entwurzelten Gladiatoren auch ein soziales Netz. Überliefert sind gemeinsame Vereinsgründungen in religiösem Kontext, beispielsweise eine Kultgruppe des Silvanus, der 32 Gladiatoren angehörten. Vor allem aber sorgten, wie die Grabdenkmäler bezeugen, die Gladiatoren häufig für die Bestattung ihrer Kameraden. Die Inschrift auf dem Monument für Satornilos (Abb. 8) lautet: «Die *familia* (setzte dies Denkmal) dem Satornilos zum Gedenken.» Wahrscheinlich führten die Gladiatoren eines *ludus* eine Begräbniskasse, in die jeder einen Teil seines Preisgeldes einzahlte, gleichsam als eine Art Versicherung für den Todesfall. Die vielen hundert Grabsteine von Gladiatoren, die aus allen Teilen des Römischen Reiches erhalten sind, stellen zwar keine Meisterwerke antiker Steinbearbeitung dar, aber immerhin konnten für diese Gladiatoren überhaupt Grabsteine aufgestellt werden, im Osten des Reiches sogar viele mit Relief. Regelrechte Gladiatorenfriedhöfe sind außer in Ephesos auch in Nîmes in Südfrankreich, in Patras auf der Peloponnes und in Salona in Kroatien nachgewiesen. In diesen Fällen hatte wohl der *lanista* oder der Ausrichter von Spielen ein Areal angekauft, um das Bestattungsverbot für Gladiatoren auf manchen Friedhöfen zu umgehen; für die Anlage der einzelnen Gräber und den Grabstein mussten die Gladiatoren jedoch selbst aufkommen.

3. Leitbilder und Selbstdarstellung der Gladiatoren

Auf diesen Grabsteinen (Abb. 3, 8 und 9) bekannten sich die Verstorbenen, aller gesellschaftlicher und rechtlicher Diskriminierung zum Trotz, voller Stolz zu ihrem Gladiatorenhandwerk. Es ist dabei unerheblich, ob Text und Bildprogramm noch von den Grabinhabern selbst zu deren Lebzeiten oder von den Hinterbliebenen geplant wurden; denn die Übereinstimmungen zwischen den Grabsteinen sind so groß, dass man an ihnen das kollektive Selbstbild der Gladiatoren ablesen kann, weniger individuelle Selbstbeschreibung. Durch die im Relief abgebilde-

Abb. 9: Grabdenkmal des Victor
(2. oder 3. Jh., aus Tralleis)

ten Waffen oder durch die Nennung von *armatura*, *palus*-Rang
und Kampfrekord waren die Verstorbenen unschwer als Gladiatoren zu identifizieren, daneben wurde auch häufig das Alter
und die Heimat angegeben. Reliefgeschmückte Gladiatorengrab-
steine sind besonders in den östlichen Provinzen des Römischen
Reiches zahlreich, zumeist wurden die Verstorbenen entweder
in voller Rüstung im Kampf dargestellt oder präsentierten sich
dem Betrachter in Frontalansicht mit den Zeichen ihres Ruhms,
den Siegespalmen und bisweilen auch Kränzen (Abb. 8 und 9).
In manchen Städten sind Grabsteine von Gladiatoren gleichsam
in Serie gefertigt worden und unterscheiden sich nur in Nuan-
cen voneinander, so dass die Arenakämpfer als homogene Gruppe erscheinen.

Das Verhältnis der Gladiatoren zueinander war von einer
starken Ambivalenz geprägt. Denn sie waren einerseits Kamera-

den, die durch ein gemeinsames Schicksal verbunden waren und fast ihre gesamte Zeit miteinander verbrachten, andererseits aber auch potenzielle Gegner in einem tödlichen Duell. Welche psychischen Spannungen und gruppendynamischen Prozesse diese Ambivalenz in einem *ludus* nach sich zog, kann man sich nur schwer ausmalen, manche Grabinschriften werfen zumindest Schlaglichter auf mögliche Konstellationen: «Ich, Victor, ein Linkshänder, liege hier, meine Heimat ist Thessalonike. Es tötete mich der Daimon, nicht der meineidige Pinnas. Und nicht soll er sich rühmen. Ich hatte den Waffenbruder Polyneikes, der mich rächte, indem er Pinnas tötete.» Von dem «Meineid», dem Verstoß gegen eine zuvor getroffene Absprache, sich beim Kampf nicht tödlich zu verwunden, war schon die Rede. Doch auch Pinnas lebte nicht mehr lange, denn er wurde bald von einem anderen Gladiator des *ludus* getötet, der offenbar dem Verstorbenen nahestand und dessen Tod nicht ungesühnt lassen wollte. Andere Inschriften rühmen den Verstorbenen dafür, dass er «viele Leben gerettet», d. h., sich bemüht habe, seine Gegner möglichst nicht zu töten. Dieser schonende Umgang mit den Kontrahenten war allerdings von Risiken begleitet, wie andere Inschriften berichten: «Ich hatte schon die Oberhand, wollte aber (meinen Gegner) retten. Siegend starb ich entgegen dem Schicksal.» Ein besonders eindrückliches Beispiel aus Amisos, dem heutigen Samsun in der Türkei, enthält sogar eine Schiedsrichterschelte: «Hier liege ich, der unglückliche Diodoros, nachdem ich gesiegt hatte. Ich hatte meinen Gegner Demetrios besiegt, aber nicht sogleich getötet. Aber das verderbliche Schicksal und die schlimme List des Schiedsrichters haben mich getötet, und aus dem Tageslicht kam ich in den Hades.» Das zugehörige Relief (Abb. 10) zeigt den Moment, in dem Diodoros die Oberhand über seinen Gegner gewonnen und diesen entwaffnet hatte. Der *summa rudis* hatte wohl den Kampf wieder freigegeben, anstatt Diodoros zum Sieger zu erklären, und nach der Wiederaufnahme unterlag dieser. Die Schuld an einer Niederlage beim Schiedsrichter zu suchen, ist also nicht auf den modernen Sport beschränkt!

Auch andere ‹Ausreden› für Niederlagen finden sich. Eine

Abb. 10: Grabdenkmal
des Diodoros
(2. Jh., aus Amisos)

Grabinschrift beklagt, der Gegner habe den Todesstoß nur durch einen Trick versetzen können, eine andere schildert, der letzte Kontrahent des Verstorbenen sei in der Arena umhergesprungen wie ein Tänzer, also einer der unter Gladiatoren verachteten Bühnenkünstler. Wieder andere führen die tödliche Niederlage im letzten Kampf darauf zurück, dass der Gladiator durch Krankheit geschwächt oder aufgrund seines Alters nicht mehr bei vollen Kräften gewesen sei. Manchmal wird der todbringende letzte Gegner jedoch auch gerühmt. So heißt es in einer Inschrift aus Stratonikeia: «Der im Gladiatorenkampf mutige Vitalis liegt hier, den in den Stadien mit eigenen Händen Polydeukes tötete, der gut im Kampf ist, stark und würdig seines Namens.» Ob eventuell Polydeukes, der seinen Namen von dem mythologischen Erfinder des Faustkampfes bezog, selbst den

Grabstein gestiftet und die Inschrift in Auftrag gegeben hatte, entzieht sich leider unserer Kenntnis.

Anders als das Christentum verfügte die heidnische antike Religion nicht über die Vorstellung eines glücklichen Jenseits, auf das sich die Hoffnungen der Menschen richteten; Unsterblichkeit strebte man vielmehr im Diesseits an, in der ruhmvollen Erinnerung der Nachwelt. Aus diesem Grunde besaßen Grabdenkmäler eine solch große Bedeutung; sie befanden sich an gut sichtbaren Orten, meistens an den Ausfallstraßen der großen Städte außerhalb der Tore, und sollten den Passanten den Namen des Verstorbenen mitteilen, zugleich aber auch dessen Image modellieren. Texte und Reliefs auf den Grabsteinen geben uns deshalb Auskunft darüber, wie der Verstorbene gesehen werden wollte und welchen Leitbildern er folgte. Für die Gladiatoren Italiens und Südfrankreichs hat Valerie Hope anhand des Materials die Ähnlichkeit zu den Soldaten betont: Die Inschriften beider «Berufsgruppen» in diesen Regionen sind zumeist sehr schlicht und enthalten neben Namen und Alter die technischen Angaben zu Waffengattung und Rang. Hopes Schlussfolgerung ist, dass Gladiatoren sich an die Soldaten, deren Verdienste für die Größe und die Sicherheit des Römischen Reiches allgemein anerkannt waren und die deshalb ein höheres Ansehen genossen als Gladiatoren, ein Stück weit annähern wollten.

Bei den Gladiatoren der östlichen, griechisch geprägten Reichshälfte erfolgte die Anlehnung an Militärisches auf einer anderen, eher metaphorischen Ebene. Die Kämpfe in der Arena werden weniger in die Nähe einer konkreten Schlacht der römischen Armee gerückt, sondern mit Vokabeln und Formeln umschrieben, die der Sphäre mythologischer Kämpfe zuzuordnen sind. Manche der metrisch gehaltenen Grabinschriften für Gladiatoren weisen Anklänge an die homerischen Epen auf: «Dies ist das Denkmal des Eumelos, des mächtigen Gladiators, den, nachdem er viele im dichten Nahkampf vernichtet hatte, von weither dem Staub übergab zur Habe eine sterbliche Lanze.» Der kundige Betrachter wusste den «dichten Nahkampf» dem homerischen Sprachgebrauch zuzuordnen und kannte von Homer auch die Gegenüberstellung von Nahkampf und Fernkampf, wobei den Helden der *Ilias* der Nahkampf als mutiger und männlicher galt. Auch die Nennung des Ares, des Kriegsgottes, in formelhafter Sprache rückt die Gladiatorenkämpfe in die Nähe mythologischer Schlachten, etwa wenn von einem Gladiator gesagt wird, er habe «fünfzehn Siege des Ares errungen». Dass viele Gladiatoren den Namen des Achilleus annahmen, des größten Helden der Griechen vor Troja, ist eine weitere Facette dieser mythologischen Färbung der Gladiatorenkämpfe. Auch andere mythologische Namen tauchen auf, manchmal wird ein direkter Bezug zu den homerischen Helden hergestellt: «Mich, Aias, siehst du, aber nicht den Lokrer und nicht den Telamonier, sondern denjenigen, der in den Stadien bei des Ares Kämpfen Gefallen erweckte.» Der antike Betrachter dachte bei den beiden Aias der *Ilias* an Heldentaten im bewaffneten Kampf, und das wird der Grund gewesen sein, warum dieser Kampfname angenommen wurde. In der Inschrift grenzt der Gladiator aber auch seinen Aktionsraum gegenüber seinen mythologischen Namensvettern ab.

Es mag zunächst verwunderlich erscheinen, dass der Schauplatz hier und in vielen anderen Gladiatoreninschriften aus den östlichen Provinzen mit «in den Stadien» bezeichnet wird. Dies darf nicht wörtlich verstanden werden; zwar wurden Stadien manchmal auch für *munera* umgerüstet, aber in der Regel waren sie sportlichen Wettkämpfen vorbehalten (→Kap. VI. 3). Dass sie in den Inschriften als Schauplätze von Gladiatorenkämpfen genannt werden, ist vielmehr eine Facette des breiteren Phänomens, dass Gladiatoren sich in der Selbstbeschreibung in die Nähe von Athleten rückten. Für ihren Kampf benutzten sie die griechischen Fachausdrücke für den Boxkampf, *pyx* und *pygme*, und sie nannten ihn auch *agon*, benutzten also den Begriff, mit dem die olympischen und andere Wettkämpfe bezeichnet wurden. Manche Gladiatoreninschriften sind überdies fast wörtlich den Dichtungen über Athleten entnommen. Und die Anleihen sind nicht auf die Texte beschränkt, sondern setzen sich im Bild fort: Häufig sind auf den Grabdenkmälern von Gladiatoren Kränze abgebildet, deren Zahl den in der Inschrift genannten Siegen entspricht (Abb. 9). Kränze sind in der griechischen Reliefkunst ein beliebtes Motiv, und sie konnten ganz unterschiedliche Bedeutungen haben: Man bekränzte sich beim Symposion oder beim religiösen Opferfest, und ein Kranz konnte ganz allgemein das Symbol der Ehre einer verdienten Person sein. Zählbare Kränze allerdings, von denen jeder einzelne für einen ganz konkreten Erfolg stand, gab es außer bei den Gladiatorenkämpfen nur bei den sportlichen Wettkämpfen, und viele Athleten ließen sich mit den errungenen Kränzen abbilden. Dieses Bildmotiv der Kränze, die Leistungen und Ruhm als zählbar erscheinen lassen, wurde von den Gladiatoren übernommen.

Das Ziel war aber keineswegs die Täuschung des Betrachters, denn durch Inschrift und die Abbildung der Waffen gab es an der Gladiator-Identität des Grabherrn keinen Zweifel. Vielmehr handelte es sich um Formeln der Selbstdarstellung, die dem Sprachgebrauch der gesellschaftlichen Eliten entlehnt sind. Denn in der griechischen Tradition waren diejenigen, die bei den öffentlichen Spielen antraten, nicht verfemte Außenseiter der Gesellschaft wie in Rom, sondern angesehene Bürger, häufig aus den besten Familien; die soziale Bewertung öffentlicher Performanz markierte schließlich einen zentralen Unterschied zwischen der griechischen und der römischen Kultur. Die gute soziale Stellung der Athleten setzte sich auch in der römischen Kaiserzeit fort; viele von ihnen bekleideten wichtige Ämter in ihren Heimatstädten, und zur Wahrung ihrer Interessen hatten sie einen mächtigen Athletenverband, dessen Hauptsitz in Rom lag, um bei Bedarf Lobbyarbeit bei einflussreichen Männern in der Zentrale des Reiches zu betreiben. Indem sich Gladiatoren sprachlich und visuell den Athleten annäherten, versuchten sie, die enorme soziale Distanz, die zwischen ihnen selbst als gesellschaftlichen Außenseitern und den angesehenen Athleten lag, zu überbrücken. An ihren konkreten Lebensumständen allerdings änderte sich dadurch nichts, und wohl auch nicht an ihrer Wahrnehmung durch die Zuschauer.

Hochinteressant ist die Inschrift eines Gladiators in Gortyn auf Kreta, in der es heißt: «Nicht ein Kranz steht auf dem Spiel, sondern um das Leben kämpfen wir!» «Wir», das sind die Gladiatoren, und in diesem Vers dienen die Athleten nicht als Leitbilder, sondern als Kontrastfiguren: Denn sie strebten nach dem schnöden Ruhm in Form von Kränzen, während die Gladiatoren ihr Leben aufs Spiel setzten und daher den wahren, mutigen und männlichen Kampf austrügen.

4. Frauen in der Arena: Die Gladiatorinnen

Zum Abschluss dieses Kapitels muss noch auf ein Phänomen hingewiesen werden, das in den Standardwerken zu den römischen *munera* kaum Erwähnung findet: das Auftreten von Gladiatorinnen. Denn Gladiatorenkämpfe waren zwar dem männlichen Geschlecht zugeordnet, und die Helden der Arena galten als Symbole männlicher Tapferkeit und Manneskraft, aber Frauen waren immer dabei: Anders als im Heiligtum von Olympia, aus dem während der Spiele verheiratete Frauen strikt ausgeschlossen waren, saßen im Amphitheater auch Frauen jeden Alters und Standes. Frauen sind als Organisatorinnen von *munera* bezeugt, und Frauen kämpften auch selbst in der Arena; Tacitus und Cassius Dio erwähnen dies für die Spiele, die unter den Kaisern Nero (54–68 n. Chr.), Titus (79–81 n. Chr.) und Domitian (81–96 n. Chr.) stattfanden. Nero habe sogar Frauen höheren Standes dazu gedrängt, als Gladiatorinnen anzutreten, und dies wird als besonders skandalös, als Zeichen für den Verfall der Sitten gebrandmarkt. Denn es handelte sich dabei nicht nur um einen Verstoß gegen die herrschende Geschlechterordnung, die den Kampf mit Waffen dem Mann zuordnete, sondern auch um einen – für die ‹schlechten› Kaiser typischen – Verstoß gegen die Sozialordnung, die Personen hohen Standes einen Platz im Publikum und nicht in der Arena zuwies.

Einige Passagen der antiken Literatur lassen Spott über die weiblichen Gladiatoren erkennen: Juvenal macht sich über das Waffentraining einer hochgestellten Frau lustig, deren zarte Physis nicht zu den schweren Übungen passe; sie, die schon im dünnen Kleidchen zum Schwitzen neige, trainiere nun mühsam in der schweren Montur der Gladiatoren die Schwerthiebe. Für Juvenal ist das ein klarer Verstoß gegen die Geschlechterordnung: «Welches Schamgefühl kann eine helmbewehrte Frau aufweisen, die vor ihrem Geschlecht flieht, die Muskelkraft liebt?» Nicht einmal die Freundinnen und Ehefrauen von Gladiatoren, so führt er am Ende dieser Passage aus, würden daran denken, selbst zu Rüstung und Schwert zu greifen. Domitian ließ bei nächtlichen Spielen Frauen und Zwerge kämpfen, wahrscheinlich auch gegeneinander. Zwerge gehörten ebenso wie Gaukler und Musiker zum Unterhaltungsprogramm, das die blutigen Kämpfe umrahmte. Vor diesem Hintergrund erscheint es plausibel, in den Kämpfen zwischen Frauen und Zwergen keine regulären Gladiatorenkämpfe nach den üblichen Regeln zu sehen, sondern einen eigenen Programmpunkt: Hier scheinen zwei Gruppen markiert zu sein, die eigentlich in den Augen der Gesellschaft nicht zu Gladiatoren taugten, deren Kämpfe untereinander somit eine eher komische Wirkung entfalten sollten. Es gibt jedoch auch positive Stimmen über die in der Arena antretenden Frauen: Martial preist eine Tierkämpferin, die bei der Eröffnungsfeier des Kolosseums einen Löwen erlegt und damit bewiesen hatte, dass die berühmte Heraklestat auch von Frauenhand vollbracht werden konnte.

Auch außerhalb Roms sind weibliche Gladiatoren bezeugt. Zwar entpuppte sich das Londoner «Gladiatorinnengrab», das im Jahr 2000 als angeblicher Sensationsfund durch die Gazetten geisterte, nur als gewagte Hypothese, denn die Indizien dafür, dass es sich bei der bestatteten Frau um eine Gladiatorin handelte, bestanden lediglich in einem der häufigen Öllämpchen mit Gladiatorenmotiv und einem Pinienzapfen. Doch sichere Zeugnisse gibt es für Ostia, wo sich ein lokaler Amtsträger rühmt, zum ersten Mal in der Geschichte der Stadt weibliche Gladiatoren präsentiert zu haben, und für Halikarnassos, heute Bodrum, in der antiken Region Karien. Ein aus dieser Stadt stammendes Relief, das sich heute im British Museum in London befindet, bildet den Kampf zweier Frauen ab (Abb. 11): Bewaffnet sind sie mit Kurzschwertern, wie sie für Gladiatoren typisch sind, und rechteckigen Schilden; auch die üblichen Bandagen an Armen und Beinen lassen sich noch erkennen. Die einzige Besonderheit im Vergleich zur üblichen Gladiatorenausrüs-

Abb. 11: Kampf zwischen Amazon und Achillia (2. Jh., aus Halikarnassos)

tung besteht darin, dass sie barhäuptig kämpfen; die Helme
sind abgelegt und noch in den Ecken zu sehen. Beischriften nennen die Namen der Gladiatorinnen und den Kampfausgang: Sie
heißen Amazon und Achillia, wobei es sich sicherlich nicht um
die Geburtsnamen, sondern um «Kampfnamen» handelt, und
über dem Relief ist das Ergebnis des Kampfes angegeben: Beide
wurden «freigelassen», der Kampf endete also mit dem für beide ehrenhaften Unentschieden *stantes missae*. Nach der Inter-
pretation von Kathleen Coleman sind die abgelegten Helme
symbolisch zu verstehen, indem sie auf den Kampfausgang des
Unentschiedens mit doppelter Begnadigung vorausweisen. Auf-
schlussreich sind ferner die Namen der beiden Kombattantin-
nen: Hier kämpft eine «Amazone» gegen eine Achillia, die
weibliche Form von Achilleus. Bei Achill und der Amazone
klingt natürlich eine berühmte Szene aus dem Trojanischen Sa-
genkreis an, in dem der griechische Held Achilleus die Amazone Penthesilea, eine Verbündete der Trojaner, im Kampf tötet,

sich aber beim Todesstoß in sie verliebt. In Halikarnassos fand offensichtlich ein «mythical reenactment» dieses Kampfes statt, aber nicht zwischen Mann und Frau, sondern zwischen zwei Frauen, und mit offenem Ausgang.

Die Männlichkeitsinszenierung der *munera* wurde also, wenn auch nur selten, durch Gladiatorinnen markant durchbrochen. So rücken auf dem Relief aus Halikarnassos die Namen ihre Trägerinnen von der «normalen» Frauenrolle weg. Der Name «Achillia» ist sonst nicht belegt, er stellt die Gladiatorin als «weiblichen Achilleus» dar, als eine Frau in einer Männerrolle. Der Name ihrer Gegnerin verweist auf die Amazonen, in der Vorstellungswelt der Griechen und Römer eine Gemeinschaft männerlos lebender und kämpferischer Frauen, im barbarischen Osten angesiedelt und Gegenbilder und Feinde der zivilisierten Welt. Es ist auffällig, dass die Auftritte von Frauen in der Arena den Amazonentopos aktivierten, gleichsam das in der griechischen und römischen Kultur verfügbare Symbol für die Auflösung der gültigen Geschlechterordnung. Doch es ist kaum anzunehmen, dass Gladiatorinnen tatsächlich als Gefahr wahrgenommen wurden, schließlich war der Kampf in der Arena eine Tätigkeit, die als niedrig und verworfen galt. Es ist in diesem Zusammenhang auch ein anderer, und zwar der erotische Aspekt des Amazonenbildes zu berücksichtigen, da Amazonen nicht nur als besonders gefährlich, sondern gerade deshalb auch als besonders anziehend galten. Im Mythos verliebt sich Achilleus in Penthesilea, Herakles lost der Hippolyte den Gürtel, und die größten Bildhauer der griechischen Klassik schufen viel beachtete – und von den Römern gerne kopierte – Statuen verwundeter Amazonen. Der erotische Aspekt wird durch die nackten Brüste der Amazonen und der Gladiatorinnen unterstrichen. In diesem Sinne mögen die in der Arena kämpfenden Frauen durchaus ein voyeuristisches Vergnügen ausgelöst haben, gerade durch die Transgression der Geschlechtergrenzen, die aber – und das mag die männlichen Zuschauer beruhigt haben – im Amphitheater gut eingehegt war. In diesem Sinne stabilisierten Gladiatorinnen die Geschlechterordnung der römischen Gesellschaft.

VI. Der architektonische Rahmen der Gladiatorenkämpfe

I. Das Kolosseum

Das Kolosseum (Abb. 12 und 13) gilt als *das* Amphitheater schlechthin. Es ist mit einem Durchmesser von 188 Metern an der Hauptachse und 156 Metern an der Nebenachse der Ellipse und einem geschätzten Fassungsvermögen von 50 000 Zuschauern das größte Amphitheater der Antike, und es wurde mit seiner Übernahme griechischer Stilelemente zum Vorbild für alle folgenden Amphitheater im Imperium Romanum. Hier fanden die größten und prächtigsten *munera* statt, und hier kämpften die berühmtesten Gladiatoren des Reiches.

Der Name «Kolosseum» allerdings ist nicht antik, er wurde im Mittelalter von der nebenan platzierten Kolossalstatue des Kaisers Nero auf das Amphitheater übertragen. Der antike Name lautete «Flavisches Amphitheater», denn es waren die drei Kaiser der flavischen Dynastie, mit deren Namen die Baugeschichte vor allem verbunden ist: Vespasian (69–79 n. Chr.) gab das Gebäude in Auftrag, unter seinem Sohn Titus (79–81 n. Chr.) wurde es vollendet und eingeweiht, dessen Bruder Domitian (81–96 n. Chr.) ließ größere Umbauten vornehmen. Die Einweihung im Jahre 80 n. Chr. wurde mit 100-tägigen Feierlichkeiten begangen, zu denen neben Gladiatorenkämpfen, Tierhetzen und Hinrichtungen auch eine Naumachie gehörte. Der Platz, den Vespasian für das Bauvorhaben ausgewählt hatte, war nicht nur durch seine Nähe zum Forum Romanum geeignet, sondern hatte auch eine hohe symbolische Bedeutung: Hier hatte das Zentrum der gigantischen *domus aurea* gelegen, der Palastanlage Neros (54–68 n. Chr.), ein kunstvoll angelegter See mit umgebenden Gebäuden. Indem Vespasian hier ein Gebäude für die Öffentlichkeit errichten ließ, ‹schenkte› er den kaiserlichen Besitz dem Volk von Rom und setzte sich damit als volksnaher Monarch von seinem exzentrischen Vorgänger ab.

Die Konstruktionsweise folgt den bewährten Prinzipien der römischen Architektur. Über einem Fundament aus Beton und Travertinpfeilern wurde das Gebäude mit Beton, Ziegel und Tuffstein errichtet, der Innenraum mit Marmor und Travertin verkleidet. Der äußere Ring hingegen wurde aus massiven Travertinblöcken errichtet. Die Fassade besteht aus insgesamt vier Geschossen: zunächst drei Arkadenreihen aus 80 Rundbögen, zwischen denen Halbsäulen angebracht waren: in tuskanischer Ordnung, einer italischen Besonderheit, auf der untersten, in ionischer Ordnung auf der zweiten und in korinthischer Ordnung auf der dritten Ebene; die beiden oberen Arkadenreihen waren ursprünglich mit monumentalen Statuen geschmückt. Darüber wurde unter Domitian ein Attikageschoss aufgesetzt, das rechteckige Fenster anstelle von Rundbögen und Pilaster anstelle der Halbsäulen aufwies und mit (nicht erhaltenen) vergoldeten Rundschilden verziert war.

Die Zuschauer betraten das Gebäude durch die unteren Rundbögen, die zur besseren Orientierung mit Nummern versehen waren. Ein ausgeklügeltes System aus Umgängen und Treppen brachte große Zuschauermassen in kurzer Zeit zu den Plätzen und nach der Vorstellung wieder ins Freie – dieselben Prinzipien finden sich auch in heutigen Stadien wieder. Das Zuschauerrund (*cavea*) war durch Umgänge und Brüstungen in fünf Ränge unterteilt, die im Gegensatz zu heutigen Spielstätten keine Preiskategorien bildeten, sondern den einzelnen sozialen Gruppen fest zugeteilt waren: Auf dem Podium direkt über der Arena saßen die Senatoren, und auch die Loge für die kaiserliche Familie befand sich hier. Die übrigen römischen Bürger saßen auf den mittleren Ebenen, und hinten auf den Stehplätzen im oberen Umlauf drängten sich die Fremden, Freigelassenen und Sklaven, sofern sie Eintrittskarten erhalten hatten.

Die einzelnen Ränge wiederum waren in Keile (*cunei*) untergliedert, die Nummern trugen und den Zuschauern das Auffinden ihres Platzes erleichterten. Die elliptische Arena selbst, deren Haupt- und Nebenachsen 80 und 46 Meter betrugen, war

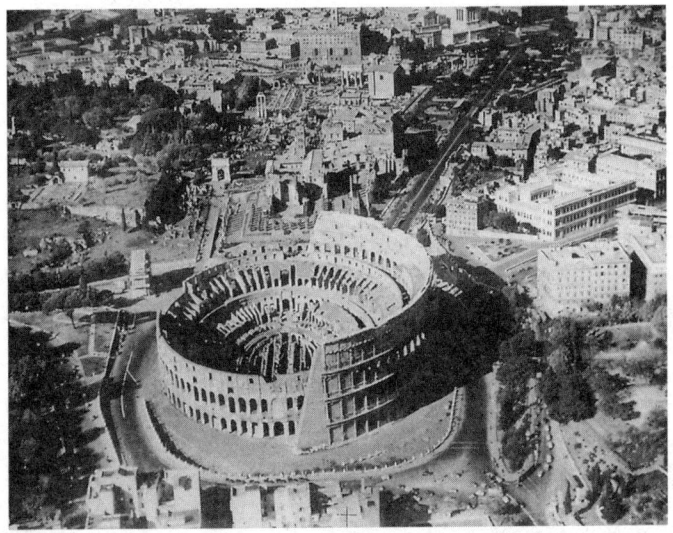

Abb. 12: Kolosseum

mit hölzernen Bohlen bedeckt, auf die man eine dicke Schicht
Sand streute, damit die Kämpfer einen festen Stand hatten. Der
Sand musste häufig ausgetauscht werden, da er rasch mit Blut
und Exkrementen verschmutzt war. Zum Schutz der Zuschauer
wurde in der Arena ein äußerer Umlauf abgetrennt, und zwar
durch massive Pfosten, zwischen denen Netze gespannt waren.
Diese Netze bildeten eine starke Barriere, und sollte es doch einmal einem Tier gelungen sein, in den äußeren Bereich der Arena
zu gelangen, stand hier bewaffnetes Personal bereit, um es in
den Kampfplatz zurückzutreiben oder im Notfall auch zu töten.
Die Netze sollten außerdem verhindern, dass Kämpfer und Tiere in einen toten Winkel direkt an der Podiumsmauer gerieten,
wo sie nur von den untersten Rängen und von der gegenüberlie-
genden Seite aus hätten gesehen werden können.

Das Kellergeschoss unter Arena und Zuschauerrund wurde,
wie aktuelle Forschungen des Deutschen Archäologischen Ins-
tituts zeigen, von Anfang an geplant, doch in einer ersten Bau-

phase wurde zunächst nur ein hölzernes Stützensystem errichtet. Dies machte es möglich, den Boden der Arena rasch abzubauen und Wasser für die Naumachie einzulassen, die durch literarische Quellen für die Eröffnungsfeier belegt ist. Erst anschließend wurden im Kellergeschoss die Mauerzüge und die vergitterten Zellen angelegt, in denen Tiere und Hinzurichtende unmittelbar vor dem Kampf eingesperrt wurden, auch Waffen wurden in separaten Räumen aufbewahrt. Die Gladiatoren selbst konnten vom nahegelegenen *ludus magnus*, der größten kaiserlichen Gladiatorenkaserne, mittels eines unterirdischen Tunnels unter den Arenabereich gelangen. Sie marschierten dann durch das Haupttor in die Arena, während es für die Tiere eine ausgeklügelte Bühnentechnik aus Winden und Aufzügen gab (Abb. 13): Aus der Perspektive der Zuschauer sah es so aus, als würden die Tiere gleichsam vom Boden «ausgespien», und der Überraschungseffekt dürfte groß gewesen sein, wenn plötzlich Löwen oder Elefanten in der Arena auftauchten. Eine weitere technische Finesse des Baus waren die Sonnensegel (*vela*), die an 240 hölzernen Masten über dem Attikageschoss befestigt und auf horizontal nach innen reichenden Stangen über die *cavea* geführt wurden; sie schützten das Publikum, nicht aber die Kämpfer in der Arena vor der Sonne. Bedient wurden sie von Matrosen der kaiserlichen Flotte in Misenum, für die eigens zu diesem Zwecke Kasernen in Rom angelegt wurden.

Noch unter dem Gotenkönig Theoderich im 6. Jahrhundert fanden im Kolosseum Tierhetzen statt, und wenn man die Gesamtzahl an getöteten Menschen und Tieren betrachtet, dürfte es sich um einen der blutigsten Orte der Welt handeln. Im Mittelalter hatte der monumentale Bau wechselnde Funktionen: Mal wurden Wohnungen in die *cavea* gebaut, dann dienten einzelne Areale als Friedhof, schließlich wurde der Bau vom Adelsgeschlecht der Frangipani als Festung genutzt. Vor allem aber diente es wie viele antike Bauwerke als Steinbruch, so dass heute ein großer Teil der Fassade vollkommen verschwunden ist. Im 19. Jahrhundert wurde das Kolosseum für Reisende, Literaten und Zeichner zum Inbegriff der Ruinenromantik, und in der Moderne entwickelte es sich zu einer Ikone des antiken

Abb. 13: Kolosseum, Rekonstruktion des Aufzugssystems im Untergeschoss

Rom, zum Symbol seiner Monumentalität und technischen Leistungsfähigkeit wie seiner Dekadenz. Johann Wolfgang von Goethe schreibt in seiner *Italienischen Reise*: «Als ich aber den erhabenen Resten des Coliseo mich näherte und in dessen verschlossenes Innere durch Gitter hineinsah, darf ich nicht leugnen, dass mich ein Schauer überfiel und meine Rückkehr beschleunigte.»

2. Weitere Amphitheater

Das Kolosseum war nicht das erste steinerne Amphitheater in der Hauptstadt, denn bereits zur Zeit des Augustus hatte dessen Gefolgsmann Statilius Taurus einen solchen Bau auf dem Marsfeld errichten lassen, der 29 v. Chr. eingeweiht, aber später beim Brand Roms im Jahr 64 zerstört wurde. Die frühesten steinernen Amphitheater allerdings hatte man in Kampanien gebaut, dasjenige Pompeis wird auf ungefähr 70 v. Chr. datiert. Es weist bereits die typische ovale Form auf, und es bedeckt mit Durchmessern von 140 Metern in der Haupt- und 105 Metern in der Nebenachse eine sehr große Fläche, allerdings ist es viel flacher gebaut als das Kolosseum und hat deshalb ein viel geringeres

Fassungsvermögen. Erst mit dem berühmten Bau der Flavier wurden übereinanderliegende Arkadenreihen an der Außenfassade und steil ansteigende Zuschauertribünen üblich.

In den Provinzen blühte der Bau von Amphitheatern in der Kaiserzeit, vor allem in der westlichen Reichshälfte; bekannte Beispiele stehen in Nîmes in Südfrankreich und in El Djem in Tunesien, die Gesamtzahl der Amphitheater im Römischen Reich lag bei über 200. Während die ovale Form von Zuschauerrund und Arena überall ganz ähnlich war, waren die Dimensionen höchst unterschiedlich: Das Amphitheater von Karthago, nach dem Kolosseum das größte der römischen Welt, hatte Durchmesser von 156 und 128 Meter und ein Fassungsvermögen von ungefähr 40 000 Zuschauern, die Arena stand mit einer Länge von 65 Metern und einer Breite von 37 Metern dem Kolosseum kaum nach. Andere Amphitheater, in kleinen Städten gelegen, konnten hingegen nur 2000 Zuschauer aufnehmen. Gemeinsam ist den Bauten, dass sie üblicherweise am Rand der Stadt, manche sogar außerhalb der Stadtmauern gelegen waren und dass die Zuschauerränge wie im Kolosseum unterteilt waren: durch konzentrisch verlaufende Umgänge in Rangklassen und durch radial verlaufende Gänge in Keile. In vielen Amphitheatern haben sich Inschriften erhalten, die Aufschluss über die Sitzordnung liefern. In Nîmes wurden «den Rhône- und Saône-Schiffern auf Dekret des Rates 40 Plätze» gewährt, wie an der entsprechenden Sitzreihe angegeben ist. Besondere Plätze gab es auch mancherorts für Soldaten, Lehrer, für offizielle Gäste der Stadt, für bestimmte Priester und viele weitere Gruppen. Eintrittskarten sind nur in einigen wenigen Fällen erhalten, sie zeigen uns, dass die Zuschauer einzelnen Sitzreihen zugeordnet waren, so in einem Beispiel aus Arles: *cav(ea) II, cun(eus) V, grad(us) X* – der Inhaber dieser Karte fand seinen Platz also in der zehnten Reihe des fünften Keils im zweiten Rang.

Doch nicht immer und überall wurden Amphitheater aus Stein errichtet, manchmal griff man auf hölzerne Konstruktionen zurück. In Rom selbst war dies lange Zeit üblich: Hatte man zunächst auf dem Forum einfache gerade Tribünen errichtet, ging man im 1. Jahrhundert v. Chr. dazu über, die aus Kampanien bekannte ovale Form in Holzbauten nachzuahmen. Die berühmtesten dieser Bauten wurden 46 v. Chr. unter Caesar und 57 n. Chr. unter Nero errichtet; in beiden Fällen ist unklar, ob sie als dauerhafte Gebäude geplant oder lediglich für ein einziges *munus* aufgestellt und danach wieder abgebaut wurden. Prachtentfaltung war jedenfalls auch mit diesen hölzernen Bauten möglich, der Dichter Calpurnius Siculus (1. Jh. n. Chr.) preist die Pracht und die technische Raffinesse des neronischen Baus: «Jetzt Balustraden, besetzt mit Juwelen, jetzt goldene Arkaden, die um die Wette erstrahlen; und dort, wo am Rande der Arena einer Umfriedung aus Marmor am nächsten die Spiele sich bieten, zieht ein Geländer sich hin auf Pfosten mit Elfenbeintrommeln; diese vielfach bewundert, auf rundlicher Achse beweglich, täuschen durch plötzliche Drehung die greifenden Tatzen der Tiere, dass sie herabfallen.» Auch in den Provinzen errichtete man bisweilen hölzerne Amphitheater, von denen sich zwar keine archäologischen Reste erhalten haben, die aber in Inschriften erwähnt sind.

3. Circus, Theater, Stadion

Das Amphitheater war *die* Bauform für die Gladiatorenkämpfe, denn die Architektur bot den Kämpfern genug Platz und dem Publikum eine gute Sicht. Doch nicht alle *munera* fanden in Amphitheatern statt, manchmal griff man auf andere Gebäudetypen zurück. Wenn man in Rom, als es das Kolosseum noch nicht gab, keine hölzernen Konstruktionen errichten konnte oder wollte, nutzte man den Circus Maximus, der eigentlich den Wagenrennen als Schauplatz diente; hier fanden die Hinrichtungen von Christen unter Nero nach dem Brand Roms statt. Diese Gebäudenutzung war allerdings ein auf Rom beschränktes Phänomen, für andere Städte fehlen Zeugnisse, dass ein Circus für *munera* gedient habe. Aber es gab noch weitere Alternativen, die allerdings in den verschiedenen Regionen des Reiches unterschiedlich genutzt wurden. In diesem Punkt besteht ein deutlicher Unterschied zwischen der westlichen, lateinischen und der östlichen Reichshälfte, in der Griechisch die dominante Sprache war und blieb. Diese wichtige kulturelle Grenze verlief geographisch in Nord-Süd-Richtung: in Europa ungefähr entlang der heutigen Grenze zwischen Kroatien bzw. Bosnien-Herzegowina und Serbien, in Nordafrika zwischen Tripolitanien und der Kyrenaika. Im Westen bildeten Amphitheater einen festen Bestandteil fast aller bedeutenden Städte, während sie im Osten zwar hin und wieder anzutreffen sind, zum Beispiel in Pergamon, Korinth oder Sofia, jedoch viel seltener. Denn die meisten Städte des Ostens verzichteten auf den Bau eines Amphitheaters und nutzten stattdessen ihre Theater für die *munera*. Dazu waren größere Umbauten nötig, vor allem mussten die Zuschauer, die in den griechischen Theatern üblicherweise kaum von der Spielfläche getrennt waren, vor den wilden Tieren geschützt werden. Man kann noch heute an vielen Gebäuden, beispielsweise am Dionysostheater in Athen oder in Perge an der kleinasiatischen Südküste (Abb. 14), die Umbauten deutlich erkennen: Zunächst trug man die untersten Sitzreihen ab und errichtete eine halbrunde Podiumsmauer. Diese niedrige Mauer bot natürlich keinen Schutz gegen Raubkatzen, deshalb ließ man in sie hölzerne Stangen ein, die wiederum starke Netze trugen. So konnte man die halbrunde Struktur des Theaters und die meisten Sitzplätze erhalten und gleichzeitig die Sicherheit der Zuschauer gewährleisten, allerdings war der Platz für die Austragung des Kampfes viel kleiner als in Amphitheatern. Auch Stadien wurden für die neuen römischen Spiele genutzt, wenn auch deutlich seltener; wie bei den Theatern waren Umbauten nötig, bevor *munera* stattfinden konnten: In Perge beispielsweise wurde das Halbrund an einem Ende des Stadions durch eine neue Mauer zu einem Ring geschlossen.

Warum im Osten die meisten Städte auf ein Amphitheater verzichteten, ist schwer zu ermitteln. Fehlende Wirtschaftskraft jedenfalls kann nicht der Grund gewesen sein, denn Städte wie Ephesos blühten in der Kaiserzeit und hätten problemlos den Bau eines Amphitheaters finanzieren können. Eine andere Hypothese lautet, dass ein Amphitheater ein Symbol des Römertums, ein monumentales Bekenntnis zur Herrin der Welt gewesen

Abb. 14: Perge, Podiumsmauer des Theaters

sei und den Griechen ein solches Bekenntnis schwerer gefallen sei
als den Bewohnern des Westens. Doch dies erscheint in Anbetracht der auch im Osten des Reiches verbreiteten Begeisterung
für die Gladiatorenkämpfe unbefriedigend, so dass es keine wirklich überzeugende Erklärung für diesen architektonischen Unterschied zwischen den beiden Reichshälften gibt.

VII. Organisation und Finanzierung

1. Die Ausrichter

Die Ausrichtung von *munera* verschlang riesige Summen, denn die Kampfstätten mussten gebaut und hergerichtet, Gladiatoren rekrutiert, versorgt und trainiert, Tiere gefangen, transportiert und ernährt werden. Betrachtet man diesen ungeheuren Aufwand, stellt sich natürlich auch die Frage nach den Verantwortlichkeiten: Wer organisierte die Tierhetzen und Gladiatorenkämpfe? Wer garantierte für die Sicherheit der Besucher? Wer setzte die Termine fest und suchte Tiere und Gladiatoren aus? Und vor allem: Wer bezahlte das alles?

In der Zeit der römischen Republik waren Gladiatorenkämpfe zwar zunehmend groß dimensionierte, aber rechtlich immer noch ‹private› Veranstaltungen, die von den Hinterbliebenen eines verstorbenen Senators zu dessen Ehren ausgerichtet und bezahlt wurden. Mit den Reformen des Augustus endete diese Tradition, nur in einigen wenigen Fällen sind *munera* in der Kaiserzeit noch mit Bestattungsfeierlichkeiten verknüpft. Stattdessen gab es nun zwei übliche Formen von *munera*: erstens die von Amtsträgern organisierten Spiele, ob in Rom selbst oder in Italien und den Provinzen, zweitens die großen kaiserlichen Spiele. Für Letztere wurden Einheiten der römischen Administration im ganzen Reichsgebiet eingesetzt: Laut einer Inschrift aus Montana im heutigen Bulgarien befahl der Provinzstatthalter der dort stationierten Kohorte der römischen Armee, Jagd auf Wisente und Bären zu machen; mit dem Transport der Tiere wurden Flotteneinheiten beauftragt. Auch die Löwenjagd in Afrika wurde manchmal von Soldaten betrieben, allerdings kaufte man die Tiere zumeist von privaten Fangunternehmen. Wenn sie in Rom angekommen waren, wurden die Tiere von besonders ausgebildetem Personal bewacht, das durch Soldaten der Prätorianerkohorten unterstützt wurde.

Auch bei den Gladiatoren sorgte die römische Administration für Nachschub. Unter den Kriegsgefangenen wurden die am besten geeigneten für den Dienst in der Arena ausgewählt, und auch in Friedenszeiten bemühte man sich darum, Kämpfer für die Spiele in Rom zu gewinnen. Eine Inschrift bezeugt für Kleinasien einen kaiserlichen Prokurator, also einen hohen Verwaltungsbeamten, der für die *familia* der Gladiatoren zuständig war; wahrscheinlich sollte er auf Sklavenmärkten und bei den dortigen *lanistae* nach vortrefflichen Gladiatoren suchen lassen und diese für die *munera* der Hauptstadt kaufen. Ihren letzten Schliff bekamen diese Kämpfer in den kaiserlichen Gladiatorenkasernen, die ebenfalls von Prokuratoren aus dem Ritterstand geleitet wurden. Diese *ludi* wurden unter Domitian (81 bis 96 n. Chr.) ins Leben gerufen und lagen um das Kolosseum herum, neben dem gut erhaltenen *ludus magnus* handelte es sich um den *ludus Gallicus*, den *ludus Dacicus* und den *ludus matutinus*, den «morgendlichen» *ludus*, in dem die Tierkämpfer ausgebildet wurden, die im Vormittagsprogramm der *munera* antraten.

Wer genau über die Inszenierung der *munera* im Kolosseum, über die Abfolge der einzelnen Spektakel und über die Dekoration entschied, wer die Paarungen und die Reihenfolge der Kämpfe festlegte, entzieht sich unserer Kenntnis. In Anbetracht der überragenden politischen Bedeutung, die den *munera* zukam, muss es sich um Personen gehandelt haben, zu denen der Kaiser höchstes Vertrauen hatte. Die immensen Kosten wurden aus den Steuereinnahmen des Römischen Reiches, vor allem aber aus Kriegsbeute bestritten. So ist es kein Zufall, dass die größten *munera* in der Geschichte Roms nach dem Triumph Trajans über die Daker stattfanden, und auch das Kolosseum selbst und die Spiele zu seiner Einweihung wurden aus Kriegsbeute bestritten, und zwar aus den Schätzen Judäas, die Vespasian und Titus nach der Niederschlagung des großen jüdischen Aufstands (66–70) mitgebracht hatten.

Was die *munera* außerhalb Italiens betrifft, so sind in einigen Fällen *munera* aus besonderem Anlass erwähnt, etwa zur Eröffnung einer neuen Bibliothek in Dyrrhachion. Doch das waren die großen Ausnahmen, üblich war die regelmäßige Austragung durch Amtsträger. Zu unterscheiden ist dabei zwischen den provinzialen und den städtischen Spielen: Auf der Ebene der Provinzen hatten in der frühen Kaiserzeit noch einige römische Statthalter *munera* organisiert, womit sie laut Tacitus das Ziel verfolgten, sich bei der Bevölkerung beliebt zu machen, aber unter Nero wurde diese Praxis verboten. In der Folge waren es die provinzialen Kaiserpriester, die während ihrer einjährigen Amtszeit *munera* in der Metropole der betreffenden Provinz ausrichteten und dazu sogar gesetzlich verpflichtet waren. Neben den provinzialen gab es auch städtische Kaiserpriester, und diese richteten entsprechend die städtischen *munera* aus. Dies war nicht überall gesetzlich vorgeschrieben, aber die Bevölkerung der betreffenden Stadt erwartete es einfach von den Kaiserpriestern, und dieser soziale Druck hatte denselben Effekt wie die gesetzliche Vorschrift, so dass jährlich stattfindende *munera* üblich wurden. Da das Amt des Kaiserpriesters häufig von einem Ehepaar gemeinsam ausgeübt wurde, traten in diesem Kontext auch Frauen als Ausrichter von Gladiatorenkämpfen in Erscheinung. In den römischen *coloniae*, also den Neugründungen mit römischem Bürgerrecht, war die Ämterstruktur etwas anders, dort waren die zwei obersten Beamten, die *duoviri*, für die Ausrichtung von *munera* in ihrer einjährigen Amtszeit zuständig. Wie die Kaiserpriester rekrutierten sich die *duoviri* aus den reichsten und angesehensten Familien der Stadt.

Durch den Modus der Organisation waren die *munera* in besonderer Weise mit der römischen Reichszentrale verknüpft, und zwar stärker als andere Elemente der städtischen Kultur. Denn da als *munerarius*, als Ausrichter von *munera*, gerade derjenige Amtsträger in Erscheinung trat, der am Jahresbeginn, am Geburtstag des Kaisers und an anderen besonderen Tagen die Kulthandlungen für den Herrscher und seine Familie vollzog, schien der Kaiser selbst mittelbar der Schirmherr der *munera* zu sein. Und wenn man besondere *munera* durchzuführen beabsichtigte – beispielsweise eine exorbitante Zahl von Gladiatoren oder Tieren kämpfen zu lassen, die übliche Dauer zu überschreiten, die Gladiatoren ohne die Aussicht auf Begnadigung oder mit spitzen Waffen kämpfen zu lassen (→ Kap. III. 3) –, so musste man die Erlaubnis des Kaiser beantragen. In diesen Fällen war der Kaiser symbolisch noch stärker präsent, so weit die betreffende Stadt auch von Rom entfernt lag.

Doch wie beschaffte ein *munerarius* die Gladiatoren? Die Reichsverwaltung konnte ein Amtsträger einer Provinzstadt natürlich nicht bemühen, ihm verblieben verschiedene andere Möglichkeiten, die auch miteinander kombiniert werden konnten. Die Kaiserpriester von Pergamon unterhielten eigene Gladiatorentruppen, die sie nach ihrem Amtsjahr an ihre Nachfolger verkauften; dies wissen wir aus den Schriften Galens, der Arzt dieser stehenden Gladiatorentruppe war. Die nachfolgenden Kaiserpriester kauften dann Gladiatoren, um die bei den Kämpfen ihres Vorgängers gerissenen Lücken zu schließen. Diese Lösung war sicher sehr teuer, da zu den Gladiatoren selbst auch die Kosten für Räumlichkeiten, Trainer und sonstiges Personal hinzukamen, und sie wird nur in wenigen sehr reichen Metropolen angewandt worden sein. Eine andere Möglichkeit war das Anwerben von freien Gladiatoren, die ihre Dienstzeit in der Gladiatorenkaserne absolviert hatten, aber weiterhin aktive Kämpfer geblieben waren. Diese konnten Antrittsprämie und mögliches Preisgeld selbst aushandeln, und sie verliehen mit ihrer Erfahrung und ihrem Siegesverzeichnis der Veranstaltung zusätzlichen Glanz. In Apuleius' (geb. ca. 125 n. Chr.) Roman «Metamorphosen» möchte ein Duovir aus Korinth der Bevölkerung seiner Stadt etwas Besonderes bieten und reist persönlich nach Thessalien, «um dort wilde Tiere und berühmte Gladiatoren zu besorgen».

Eine billigere und die wohl am häufigsten gewählte Möglichkeit, Gladiatoren für ein *munus* zu beschaffen, war ein Vertrag mit einem *lanista*, dem Besitzer einer privatwirtschaftlichen Gladiatorenkaserne. Zunächst musterte der *munerarius* oder sein Vertrauensmann die Truppe des *lanista* und teilte diese in verschiedene Güteklassen ein, wobei die *palus*-Ordnung eine gewisse Orientierung bot. Anschließend verhandelte man über die Preise, die für Gladiatoren der einzelnen Güteklassen zu bezahlen waren. Dabei stellt sich allerdings ein Problem, denn die

Kosten waren vor dem Kampf nicht genau zu beziffern; schließlich wusste man noch nicht, wie viele Gladiatoren den Tod oder schwere Verletzungen erleiden würden. Dafür gab es genaue gesetzliche Regelungen, die der Jurist Gaius (2. Jh. n. Chr.) beschreibt: Zunächst handelte es sich bei dem Vertrag zwischen *lanista* und *munerarius* um einen Mietvertrag; doch wenn ein Gladiator in der Arena ums Leben kam oder diese als Invalide verließ, wurde der Mietvertrag nach dem auch heute noch angewandten Prinzip «You broke it, you buy it!» in einen Kaufvertrag umgewandelt, der Preis erhöhte sich auf das 50-fache! Damit der *lanista* sicher sein konnte, dass er auch bei einem sehr blutigen Verlauf des *munus* sein Geld erhielt, musste der *munerarius* wahrscheinlich eine hohe Summe bei einer Bank hinterlegen. Nach Abschluss der Kämpfe wurde dann abgerechnet, der *lanista* erhielt die entsprechenden ‹Leasinggebühren› für die überlebenden und die Kaufpreise für die umgekommenen Gladiatoren, die übrig gebliebene Summe wurde dem *munerarius* zurückerstattet.

2. Finanzierung

Die Kosten für die *munera* waren in jedem Fall immens. Bis zu einer Summe von 30 000 Sesterzen galten sie als bescheidene kleine Spiele, es sind aber selbst für die Städte der Provinzen solche überliefert, die über 150 000 Sesterzen verschlangen, von den kaiserlichen Spielen in Rom ganz zu schweigen. Diese Summen sind nur schwer in moderne Währungen umzurechnen, eine Vergleichsgröße sei zur Orientierung genannt: Das Mindestvermögen eines römischen Ritters betrug 400 000 Sesterzen, ab dieser Summe galt man also als schwerreicher Mann. Man kann sich vorstellen, dass bei aller wirtschaftlichen Blüte der Städte in der römischen Kaiserzeit die Finanzierung von *munera* eine Herausforderung darstellte. Prinzipiell kommen wie heute drei Möglichkeiten der Finanzierung in Frage: Eintrittsgelder, öffentliche Zuschüsse, private Geldgeber.

Durch Eintrittspreise wurden die Kosten nicht gedeckt. Zwar ist in der Forschungsliteratur manchmal zu lesen, es habe kom merzielle *munera* gegeben, bei denen der Ausrichter einen Gewinn durch Eintrittsgelder habe erzielen wollen, doch dies ist in den antiken Texten nirgendwo belegt. Denn der Besuch der Spiele war üblicherweise kostenlos; zwar gab es offizielle Eintrittskarten mit der Angabe des Sitzblocks, doch diese wurden nicht verkauft, sondern auf typisch römische Art über das Patronagesystem verteilt: Die angesehenen Aristokraten erhielten eine größere Zahl von Eintrittskarten, die sie wiederum an ihre Klienten weitergaben. Das römische Klientelsystem wurde dadurch gestärkt, und man kanalisierte die Zuschauerströme und verhinderte eine mögliche Überfüllung des Amphitheaters oder einzelner Bereiche. Erhoben wurden Eintrittsgelder wahrscheinlich von Fremden, die eigens zum Besuch von *munera* in die Stadt gekommen waren, doch diese Einnahmen konnten die Kosten allenfalls etwas dämpfen, nicht jedoch decken. Warum zwischen den Bürgern der Stadt und Fremden ein Unterschied gemacht wurde, wird noch zu besprechen sein.

Auch öffentliche Mittel deckten nur einen Teil des Etats. Die römischen Prätoren konnten für ihre *munera* auf den Staatsschatz zurückgreifen, jedoch nur in geringem Umfang, den Löwenanteil mussten sie aus ihrem privaten Vermögen bestreiten. Einen präzisen Einblick in die Praktiken römischer Provinzstädte liefert die Gründungsakte der römischen *colonia* Urso in Spanien: Dort war festgelegt, dass die Duovirn für ein viertägiges *munus* mindestens 2000 Sesterzen aus ihrem privaten Vermögen aufbringen mussten, dafür durften sie der Stadtkasse weitere 2000 Sesterzen entnehmen. Ähnliche Regelungen gab es wahrscheinlich auch in anderen Städten, aber die rechtlichen Regelungen und die soziale Praxis unterschieden sich markant: In einer pompeianischen Wandinschrift weist Gnaeus Alleius Nigidus darauf hin, dass die von ihm ausgerichteten Spiele «*sine impensa publica*», ohne öffentliche Mittel, auskämen, und viele andere Zeugnisse aus dem gesamten Reich zeigen uns ebenfalls *munerarii*, welche die Kosten allein aus ihrem privaten Vermögen bestritten. Auch in Urso werden dafür in der Regel weit mehr als die vorgeschriebenen 2000 Sesterzen aufgewendet worden sein.

Dies ist im Zusammenhang eines Phänomens zu sehen, das für die griechisch-römische Stadtkultur der Antike prägend ist, des Euergetismus (von *euergetes* = Wohltäter). Wohltaten für die städtische Gemeinschaft zu erbringen, galt der Führungsschicht als Verpflichtung, es handelte sich um eine bindende soziale Norm. Das Spektrum möglicher Leistungen war sehr breit: Beispielsweise unternahm man Gesandtschaftsreisen, um Bündnisse zu knüpfen oder bei mächtigen Herrschern Privilegien für die eigene Stadt zu erwirken, man erbaute und unterhielt aus privatem Vermögen öffentliche Wasserleitungen, Brunnen, Gymnasien, Bibliotheken oder andere öffentliche Gebäude, man spendete den Bürgern auf eigene Kosten Getreide und andere Nahrungsmittel, und nicht zuletzt waren die öffentlichen Spiele ein wichtiges Feld des Euergetismus. Antike Städte hatten im Vergleich zu modernen Staaten ein sehr geringes Steueraufkommen, dafür gab es eine hohe Bereitschaft der Reichen, ihr Geld im Interesse der Gemeinschaft auszugeben. Keinesfalls verwechselt werden sollte der Euergetismus mit modernem Sponsoring von Sportveranstaltungen, dessen Zweck darin besteht, die Bekanntheit und Beliebtheit von Produkten zu steigern und letztendlich einen ökonomischen Gewinn zu erzielen. Das grundlegende Prinzip des Euergetismus bestand vielmehr darin, dass der Wohltäter sein Geld «verlor». Eine Gegenleistung erhielt er allerdings, doch wurde diese in einer anderen Währung ausgezahlt, in Ehre. Denn wer etwas für die Gemeinschaft geleistet hatte, durfte damit rechnen, im öffentlichen Raum geehrt zu werden: Die Bürgerschaft beschloss dann, dem Wohltäter in einer festlichen Zeremonie einen Kranz zu verleihen, ihm einen Ehrensitz im Theater zuzuweisen oder ihm ein Monument auf einem öffentlichen Platz der Stadt zu errichten, damit die Leistungen des Geehrten möglichst vielen Menschen und auch noch der Nachwelt in Erinnerung bleiben mögen. Solche Ehrenmonumente waren aus dem öffentlichen Raum der Städte des Römischen Reiches nicht wegzudenken, Reste von ihnen haben sich in großer Fülle erhalten.

Die Texte der Ehreninschriften, die an den Monumenten angebracht waren, sind sehr formelhaft und einander sehr ähnlich. Immer wieder werden die Sorge des Geehrten für seine Stadt und insbesondere seine Freigebigkeit und Großzügigkeit gelobt, man betont die Unterordnung persönlicher Interessen unter die Bedürfnisse der Stadt. Damit erscheint der Wohltäter als besonders nobler Mensch, der aus der Masse der Bürger nicht nur durch seine vornehme Ahnenreihe und seinen Reichtum hervorrage, sondern auch durch seine überlegenen moralischen Qualitäten. Auf diese Weise stabilisierte der Euergetismus die soziale Ordnung, denn natürlich konnten nur diejenigen als Wohltäter in Erscheinung treten, die über entsprechende finanzielle Mittel verfügten. Doch damit nicht genug: Häufig wird auf den Inschriften auch bemerkt, dass die betreffende Ehrung zeigen solle, wie die Gemeinschaft Verdienste Einzelner zu würdigen wisse, und dass andere damit angespornt werden sollten, sich ebenfalls für die Stadt zu engagieren.

Dies ist der kulturhistorische Kontext, in den die Finanzierung der Gladiatorenkämpfe eingeordnet werden muss. Duovirn und Kaiserpriester bezahlten die *munera* überwiegend aus eigener Tasche, sie erwarteten dafür, von den Bürgern der Stadt geehrt zu werden. In dieser Hinsicht ist es vollkommen logisch, dass Fremde Eintritt bezahlen mussten, denn da von diesen keine Ehrungen zu erwarten waren, mussten sie eine andere Gegenleistung bringen, um die *munera* besuchen zu dürfen.

Wie die Kommunikation zwischen Ausrichter und Publikum verlief, wird in einer Inschrift aus Mylasa geschildert: Das Publikum habe während der *munera* dem Kaiserpriester laut zugejubelt, um für die großartigen Kämpfe zu danken, und daraufhin habe dieser eine weitere Kostprobe seiner Großzügigkeit gegeben, indem er Rosen und andere Geschenke ins Publikum werfen ließ. Dass die Erinnerung an ihre Leistungen nicht verblasste, wollten viele *munerarii* nicht allein den öffentlichen Ehrenmonumenten überlassen, sondern setzten selbst Denkmäler: Manche ließen in den viel frequentierten Eingangsbereichen ihrer Häuser Mosaiken mit Darstellungen von Tierhetzen und Gladiatorenkämpfen anbringen, andere setzten steinerne Monumente, auf denen jede einzelne Reliefplatte einen bestimmten Kampf darstellte. Sowohl bei den Mosaiken als auch bei den

Reliefs wird häufig ganz genau angegeben, wer kämpfte und wie der Kampf ausgegangen war (Abb. 2 und 11). Es handelt sich nicht um abstrakte Darstellungen, sondern um ästhetisch umgesetzte ‹Protokolle› eines ganz bestimmten *munus*.

In den Ehreninschriften erscheint der Euergetismus als überaus harmonische Erscheinung, indem die Wohltäter freudig und freiwillig ihre Leistungen erbrachten. Doch dies ist eine geschönte Optik, in der Realität war die Freigebigkeit der Spender weniger auf Altruismus und Liebe zur Vaterstadt zurückzuführen denn auf sozialen Druck und erbitterte Konkurrenz. Die Bevölkerung der Städte erwartete von den Angehörigen der sozialen Elite, dass sie ihr Geld für öffentliche Belange ausgaben. Wer sich dem System des Euergetismus verweigerte, geriet auf der Prestigeskala gegenüber den anderen reichen Mitbürgern ins Hintertreffen. Deshalb waren die Wohltaten auch immer Objekte des Vergleichs, und wer immer als Duovir oder Kaiserpriester *munera* ausrichtete, musste die Messlatte berücksichtigen, die von den Vorgängern gelegt worden war. Man kann an den Inschriften gut ablesen, wie eifersüchtig man die Leistungen verglich und wie sehr man darauf bedacht war, das Publikum durch ein besonders umfangreiches oder mit bislang unbekannten Elementen angereichertes Programm zu beeindrucken. Dieser Wettlauf um Ehre und Prestige hatte bisweilen das Resultat, dass sich Angehörige der reichen Familien finanziell ruinierten; für diejenigen der modernen Menschen, in deren Meinung das menschliche Handeln primär vom Streben nach Geld geprägt ist, mag dieses Verhalten bizarr erscheinen, für die antiken Menschen hingegen galt Geld lediglich als Mittel zum Zweck.

Und *munera* waren offenbar ein sehr wirkungsvolles Mittel, um Ehre zu erwerben, zumindest setzten die Kaiserpriester ihr Geld lieber dafür ein als für andere Belange. Ein Schlaglicht auf die innerstädtischen Diskussionen um die Frage, welche Vorhaben dringlicher seien, wirft ein inschriftlich erhaltener Brief von Kaiser Hadrian an die Bürger von Aphrodisias (124 oder 125 n. Chr.), in dem es um die Errichtung eines neuen Aquäduktes geht. Hier heißt es: «Ich genehmige, dass Ihr das Geld von den Kaiserpriestern (für den Aquädukt) verwendet anstatt für Gladiatorenkämpfe; und ich genehmige nicht nur, sondern lobe diesen Beschluss.» Das nachdrückliche Lob des Kaisers ist auffällig, es kann als Hinweis darauf verstanden werden, dass auf der Seite der Kaiserpriester Widerstände gegen die neue Regelung bestanden hatten. Wahrscheinlich schien es Ihnen prestigeträchtiger, ein blutiges Schauspiel auszurichten, anstatt sich am Ausbau der Infrastruktur zu beteiligen. In der Bereitschaft der städtischen Eliten des Römischen Reiches, durch die Ausrichtung prächtiger Spiele ihre Großzügigkeit unter Beweis zu stellen und Ruhm und Ehre zu erlangen, liegt eine wesentliche Triebkraft für die Ausbreitung der Gladiatorenkämpfe.

3. Gesetzliche Regelungen

Die Gladiatorenkämpfe waren so bedeutend, dass sich die römische Administration immer wieder mit Regelungen zu ihrer Finanzierung befassen musste. Von der unter Augustus festgelegten Obergrenze für die Kosten der prätorischen *munera* war schon die Rede; Sinn dieser Maßnahme war es, keine Konkurrenz zu den kaiserlichen Spiele zuzulassen. Um den Schutz der Zuschauer hingegen ging es in einer Bestimmung, die im Jahre 27 n. Chr. unter der Regierung des Tiberius erlassen wurde. In diesem Jahr war in dem Städtchen Fidenae nördlich von Rom ein hölzernes Amphitheater eingestürzt, viele Zuschauer wurden in die Tiefe gerissen und unter Balken begraben. Die Ursache für das Unglück, das nach Tacitus 50 000 Tote und Schwerverletzte gefordert haben soll, war die schlechte Fundamentierung des Baus und die mangelnde Sorgfalt bei der Verklammerung. Man hatte hier offenbar an der Sicherheit gespart, vielleicht weil der Ausrichter nicht über ein ausreichendes Vermögen verfügte, um den Bau stabil und sorgfältig ausführen zu lassen. Deshalb wurde nun festgesetzt, dass niemand ein *munus* ausrichten dürfe, der nicht mindestens ein ritterliches Mindestvermögen (400 000 Sesterzen) besäße, damit nicht aus Geldnot an der Sicherheit für die Zuschauer gespart werde. Auch wurde festgelegt, dass fortan der Bau eines hölzernen Amphitheaters nur nach vorheriger Prüfung des Bodens durch eine Fachkommission zulässig sei.

Der berühmteste Eingriff in die ökonomische Abwicklung von Gladiatorenkämpfen ist ein Senatsbeschluss des Jahres 177 n. Chr., dessen Inhalt durch zwei Inschriften bekannt ist, von denen die eine in Südspanien, die andere in Kleinasien gefunden wurde. Diese Überlieferungssituation beweist, dass man dem Beschluss reichsweite Bedeutung zumaß, denn die Protokolle der Senatssitzung waren offensichtlich zur Publikation in die Provinzen gesandt worden. Anlass der Neuregelung waren Klagen von Kaiserpriestern, die sich mit der Ausrichtung von *munera* finanziell überfordert sahen. Zu ihrer Entlastung wurden drei Maßnahmen beschlossen: Erstens verzichtete der Kaiser für die Zukunft darauf, Gladiatorenkämpfe zu besteuern, für die bislang laut Inschriftentext ein Satz von einem Viertel oder einem Drittel erhoben worden war; der Gesamtverlust für den kaiserlichen Fiskus beziehungsweise die Entlastung für die Ausrichter von Gladiatorenkämpfen wird im Text auf 20 bis 30 Millionen Sesterzen pro Jahr taxiert. Zweitens verbot man den Kaiserpriestern, die stehende Gladiatorentruppen unterhielten, diese zu einem höheren Preis an ihre Nachfolger zu verkaufen, als sie selbst gezahlt hatten. Damit wollte man eine preistreibende Spekulation mit Gladiatoren unterbinden.

Die dritte und am ausführlichsten dargelegte Regelung betraf die Verträge zwischen Ausrichter und *lanista*; darin wurden die Preise für Gladiatoren je nach Größe des *munus* und Qualität der Gladiatoren festgelegt. Zunächst unterteilte man die *munera* in fünf Kategorien: eine erste, preiswerte Kategorie mit einem Budget unter 30 000 Sesterzen, eine zweite zwischen 30 000 und 60 000 Sesterzen, eine dritte zwischen 60 000 und 100 000 Sesterzen, eine vierte zwischen 100 000 und 150 000, und schließlich eine fünfte und teuerste Kategorie von *munera*, die über 150 000 Sesterzen verschlangen. Die Preise für die einzelnen Gladiatoren waren umso höher, je kostspieliger das *munus* war: So kosteten bei den teuersten Spielen die Gladiatoren erster, zweiter und dritter Wahl 15 000, 12 000 und 9000 Sesterzen, bei den *munera* der zweiten Kategorie hingegen nur 5000,

4000 und 3000 Sesterzen, also lediglich ein Drittel. Damit die *lanistae* nicht alle ihre Gladiatoren in die hohen Güteklassen einstufen konnten, wurde außerdem festgelegt, dass die Gladiatoren eines *munus* in gleicher Anzahl aus allen Güteklassen stammen müssten. Außerdem wird im Senatsbeschluss noch eine weitere Gruppe von Kämpfern erwähnt, die *gregarii*, die gemäß ihrem Namen (*grex* = Herde) in Gruppen antraten. Deren Zahl sollte genauso groß sein wie diejenigen der echten, zum Einzelkampf ausgebildeten Gladiatoren, mit 1000 bis 2000 Sesterzen waren sie aber bedeutend billiger. Diese Preise verstehen sich allesamt als Kaufpreise, für die überlebenden Gladiatoren hatte der Ausrichter einen sehr viel geringeren Preis zu bezahlen (→ Kap. VII. 1).

Als Maßnahme zur Kostendämpfung mutet der Beschluss zunächst seltsam an, denn eine Höchstgrenze hinsichtlich des Budgets und der kämpfenden Gladiatoren wird nicht gesetzt. Was verhindert wird, ist eine Konzentration des Geldes auf wenige Gladiatoren höchster Qualität, gerade die Bestimmung zu den *gregarii* musste dazu führen, dass eine relativ hohe Anzahl billiger Kämpfer in der Arena zu sehen war. Vor allem aber wurde ein klares Preisraster eingeführt, das den *munerarii* bei den Verhandlungen mit den *lanistae* half. Letztere erscheinen in der Inschrift als skrupellose Geschäftsleute, die den Kaiserpriestern überhöhte Preise abverlangten, und es wird bejubelt, dass ihnen nun endlich Schranken gesetzt würden. Die Verachtung der sozialen Elite für diese Berufsgruppe, auf die sie aber dennoch für die Organisation der Spiele angewiesen war, ist dem Senatsbeschluss in aller Deutlichkeit zu entnehmen.

Äußerst fraglich ist aber, ob die Neuregelungen wirklich zu einer Kostendämpfung führten. Denn schließlich war nicht primär die Geldgier der *lanistae* für die hohen Ausgaben verantwortlich – die Kaiserpriester hätten sich ja auf kleine *munera* mit wenigen Gladiatoren beschränken können –, sondern die Konkurrenz innerhalb der städtischen Führungsschicht. Und diese Konkurrenz konnte durch das Gesetz selbstverständlich nicht abgeschafft werden, so dass sich die Situation kaum änderte: Hatte der Kaiserpriester einer Stadt auf der Grundlage des neuen Gesetzes viele Gladiatoren präsentieren können, lastete auf seinem Nachfolger der Druck, ein noch größeres oder mindestens gleichwertiges Spektakel zu bieten. Die Spirale drehte sich also weiter, und es gibt keinerlei Anzeichen dafür, dass die Bestimmungen von 177 n. Chr. die Kosten für die *munera* tatsächlich verringerten. Was uns der Text aber markant vor Augen führt, ist die ökonomische Dimension der Gladiatorenkämpfe. Denn wenn der Kaiser mit der Aufhebung der Steuer auf Gladiatorenkämpfe, die ein Viertel oder ein Drittel betrug, auf 20 bis 30 Millionen Sesterzen verzichtete, errechnen sich jährliche Gesamtkosten der *munera* von 60 bis 120 Millionen Sesterzen, bei der höheren Zahl entspricht dies dem Sold von 100 000 Legionären! Und in dieser Summe sind die kaiserlichen *munera* noch gar nicht eingerechnet.

VIII. Die Bedeutung der Gladiatorenkämpfe für die römische Gesellschaft

I. Die Choreographie römischer Tapferkeit

Die Ausführungen in den vorigen Kapiteln haben die Entwicklung, den Ablauf und die Organisation der Gladiatorenkämpfe behandelt, es bleibt aber noch eine wichtige Frage zu klären: Warum gab es überhaupt Gladiatorenkämpfe, und warum genossen sie in Rom selbst und im ganzen Reich solch große Beliebtheit? Hier liegt es zunächst nahe, psychologische Erklärungsmuster anzuwenden und die niederen Triebe des Menschen, Gewalttätigkeit und Voyeurismus, am Werke zu sehen. Doch mit solchen pauschalen Aussagen kann sich eine seriöse Geschichtswissenschaft nicht begnügen, denn ohne das genetisch angelegte Aggressionspotential des Menschen zu bestreiten, ist darauf zu verweisen, dass Menschen ebenso wie zur Ausübung auch zur Einhegung von Gewalt in der Lage sind. Die Biologie des Menschen lässt offenbar eine große Bandbreite zu: Tötungen von Menschen und Voyeurismus gibt es zwar in allen Gesellschaften, aber die Ausdrucksformen von Aggressionen und die zur Gewalthemmung entwickelten Mechanismen sind sehr verschieden; Aufgabe des Historikers ist es, diese Unterschiede herauszuarbeiten und mit Blick auf die kulturellen Besonderheiten zu erklären. Gerade die Gladiatorenkämpfe schärfen den Blick für kulturelle Spezifika, denn sie waren, wie in der Einleitung angedeutet, historisch einmalig. Zu den öffentlichen Hinrichtungen, die mittags im Amphitheater stattfanden, lassen sich viele Parallelen aus vergangenen Epochen und auch aus unserer heutigen Zeit finden – 1988 wohnten in Pakistan 10 000 Menschen einer öffentlichen Hinrichtung bei –, nicht jedoch für Duelle, bei denen nach dem Kampf über das Weiterleben des Unterlegenen entschieden wurde. Bei dieser Situation, wenn ein besiegter Gladiator in der Arena stand und um Begnadigung bat, muss folglich eine kulturgeschichtliche Erklärung der Gladiatorenkämpfe ansetzen, und nicht beim Kampf selbst.

Die Spannung, die dabei herrschte, ist kaum vorstellbar: Die einzelnen Zuschauer bildeten sich ihre Meinung, sie sprachen mit den Umstehenden über den Gladiator und seine Leistung, sie registrierten die Handzeichen und hörten die Rufe von anderen Menschen im Publikum. Dann taten sie optisch und akustisch ihre Meinung kund, und das ganze Rund des Amphitheaters wartete voller Spannung auf die Entscheidung des Ausrichters, der wiederum sehr genau registrierte, welche Meinung sich das Publikum von dem um Begnadigung bittenden Gladiator gemacht hatte. Dieses Szenario lässt sich heute nicht simulieren, und es ist weit entfernt vom Zuschauerverhalten in modernen Stadien, denn das römische Volk im Amphitheater hatte direkten Einfluss auf das Geschehen. Zwangsläufig schließt sich die Frage an: Nach welchen Kriterien fällte man die Entscheidung, was musste ein Gladiator tun, um die Begnadigung zu erhalten?

Die antiken Texte geben uns auf diese Frage eine eindeutige Antwort: Humanitäre Motive wie das Mitleid mit den Ausgestoßenen, die in der Arena kämpfen mussten, spielten keine Rolle; begnadigt wurden vielmehr diejenigen Gladiatoren, die einen guten Kampf geliefert hatten. Berücksichtigt wurden zum einen die kampftechnischen Fähigkeiten, also raffinierte Finten, blitzschnelle Attacken und Paraden, denn das zumindest teilweise sehr sachkundige Publikum wollte einen Kampf auf hohem Niveau sehen. Zum anderen aber, und dies war noch weitaus bedeutender, achtete man auf die moralischen Qualitäten der Gladiatoren, insbesondere Tapferkeit, Unerschrockenheit und Todesverachtung. Cicero drückt es in seiner Rede *Pro Milone* (52 v. Chr.) wie folgt aus: «Denn bei Gladiatorenkämpfen und bei Schicksalsfällen von Leuten niedrigster Herkunft ist es so, dass uns meist Abscheu erfüllt, wenn jemand feige und kläglich um sein Leben winselt, dass wir hingegen die Mutigen und Beherzten, die unerschrocken dem Tod ins Auge blicken, geschont wissen wollen, dass wir also mehr Erbarmen mit denen haben, die nicht danach fragen, als mit denen, die uns darum anflehen.» Nicht Mitleid sollten die Gladiatoren erregen, wenn sie eine Chance auf Begnadigung bekommen sollten, sondern Bewunderung für ihren Mut. In seinen *Tusculanen* (45 v. Chr.) greift Cicero diesen Gedanken wieder auf: «Welcher auch nur einigermaßen tüchtige Gladiator hat je gestöhnt und hat seine Miene verzogen? Wer hat sich jemals im Stehen oder sogar im Fallen schimpflich gezeigt? Wer hat den Kopf eingezogen, als er gefallen war und den Befehl erhielt, den Hals hinzuhalten? Soviel vermag die Übung, das Lernen, die Gewohnheit.» Gladiatoren erschienen dem Publikum nicht als Individuen mit eigenen Biographien, sondern allein in ihrer Identität als Kämpfer der Arena, sprich die Zuschauer hatten keine Informationen über ihr Leben vor dem Gladiatorendienst und ihre Familie, sondern kannten nur die Waffengattung, den Kampfrekord und die Kampfkünste. Diese Entindividualisierung der Gladiatoren wurde durch den Helm unterstützt, der bei den meisten Gladiatoren das Gesicht komplett verdeckte; damit konnte man nicht einmal von den vorderen Sitzplätzen den mimischen Ausdruck von Todesangst oder anderen Emotionen entdecken.

In dieser philosophischen Abhandlung Ciceros erscheinen die Gladiatoren als moralische Vorbilder, als Männer, die gelernt haben, feige Regungen zu unterdrücken und dem Tod furchtlos ins Auge zu schauen, ja sogar klaglos anzunehmen, wenn ihnen die Begnadigung verweigert wurde. Und ihre Vorbildhaftigkeit wurde noch dadurch verstärkt, dass sie nicht der gesellschaftlichen Elite angehörten, sondern verachteten Randgruppen. «Die Gladiatoren, verworfene Menschen oder Barbaren, was für Schläge halten sie aus! ... Wenn nun dies ein Samnite [dieses Wort bezeichnet sowohl eine Gladiatorengattung als auch den von den Römern besiegten süditalischen Volksstamm] vermag, ein ordinärer Mensch, eines solchen Lebens und Ranges wohl wert, wird ein Mann, der zum Ruhme geboren ist, in irgendeinem Teil seiner Seele so weichlich sein, dass er sie nicht durch Lernen und Überlegung stärken kann? Manchen kommt der Gladiatorenkampf grausam und unmenschlich vor, und ich bin nicht sicher, ob es nicht stimmt, so wie diese Spiele jetzt gegeben werden. Als aber Verbrecher mit dem Schwerte kämpften, so konnte es, wenn nicht für die Ohren, so doch sicher für die Augen keine härtere Schulung gegen den Tod und den Schmerz geben als diese.» Cicero polemisiert hier gegen die in seiner Zeit zunehmende Anzahl von Freiwilligen in der Arena, da diese die pädagogische Wirkung der Gladiatorenkämpfe beeinträchtigten: Doch wenn Geächtete in der Arena vorführten, wie man Schmerzen und Ängste aushalte, würde das Publikum und insbesondere die Senatorenschaft dazu gebracht, nicht zurückzustehen und ebenfalls moralische Festigkeit an den Tag zu legen.

Als moralische Exempel fanden die Gladiatoren auch Eingang in die stoische Lehre: Seneca (ca. 1 v. Chr.–65 n. Chr.) präsentiert unter Rückgriff auf Cicero Gladiatoren als Menschen, die ihre Affekte zu kontrollieren wüssten: im Kampf selbst, den sie nicht wütend und leidenschaftlich, sondern kühlen Kopfes und im Vertrauen auf ihre Technik führten, und im Tod, den sie klaglos hinnähmen, sowohl in der Arena als auch außerhalb. Er berichtet bewundernd von einem germanischen Tierkämpfer, der sich einen Stock, mit dem man auf der Toilette den Reinigungsschwamm zu befestigen pflegte, in den Rachen steckte und sich auf diese Weise umbrachte; ein anderer habe sein Leben beendet, indem er auf dem Weg zur Arena seinen Kopf in die Speichen des rollenden Wagens gesteckt habe. Diese Menschen hätten also Wege gefunden, aus dem Leben zu scheiden, obwohl ihnen keine Waffen zur Verfügung standen und Wächter den Selbstmord verhindern wollten. Diese Erzählungen sind vor dem Hintergrund zu verstehen, dass den Stoikern die Angst vor dem Tod als einer derjenigen Affekte galt, die ein weiser Mann überwinden müsse; viele hochgestellte Römer, und nicht zuletzt Seneca selbst, zelebrierten ihren eigenen Tod durch Aufschneiden der Adern. Gladiatoren gelten in dieser Hinsicht als Vorbilder für die innere Festigkeit, mit der man aus dem Leben zu scheiden habe. In dieser Dimension gingen die Gladiatoren später sogar in die christliche Lehre ein: Augustinus fordert von den Christen, sie müssten in schwierigen Situationen einen «gladiatorengleichen Charakter» an den Tag legen und ihr Schicksal so klaglos annehmen wie die Gladiatoren den Tod in der Arena.

Dies sind spezielle philosophische und theologische Verarbeitungen, die nur für einen Teil der römischen Bevölkerung relevant waren. Doch man benötigte diese Konzepte nicht, um die Gladiatorenkämpfe mit «Sinn» zu füllen, denn nach einem allgemeinen Konsens in der römischen Bevölkerung galten Tapferkeit und Todesmut als wichtige Tugenden, ja als besondere Qualitäten der Römer, mit denen sie sich in ihrer Selbstwahrnehmung von wilden Barbaren, deren niedriger Zivilisationsgrad moralische Festigkeit unmöglich mache, und dekadenten, luxusverliebten Griechen unterschieden. Mit moralischen Qualitäten erklärten die Römer auch, dass sie ein Weltreich erobern konnten: Während griechische Schriftsteller, wenn sie die Resultate von Schlachten und Kriegen erläuterten, häufig auf die strategischen Fähigkeiten der Feldherren, auf Manövrierkunst, Taktik und Bewaffnung eingingen, führten Römer militärische Siege auf Tapferkeit von Feldherr und Truppe, Niederlagen hingegen auf Dekadenz im Heerlager zurück. Vor diesem Hintergrund führten die Gladiatoren vor, wie ein Römer zu kämpfen habe, nämlich mit einer guten Ausbildung an den Waffen, vor allem aber leidenschaftlich und mutig. Es ist auch zu bedenken, dass in der römischen Kriegführung Zweikämpfe eine bedeutende Rolle spielten: Anders als die griechischen Hopliten, deren lange Speere lediglich zum Kampf in der Phalanx zu gebrauchen waren (wenn Gladiatoren mit Speeren kämpften, waren diese viel kürzer), waren Legionäre sehr gut zum direkten Kampf Mann gegen Mann ausgerüstet, und vielfach berichten die antiken Gewährsleute davon, dass römische Soldaten aus der Schlachtreihe ausbrachen und im Einzelkampf Heldentaten vollbrachten. Die *munera* stehen damit in großer Nähe zum Krieg, die Gladiatoren choreographierten römische Schlachten; dem britischen Historiker und Soziologen Keith Hopkins zufolge seien die Gladiatorenkämpfe in der frühen Kaiserzeit bewusst gefördert worden, um der kriegsentwöhnten römischen Bevölkerung einen Ersatz für «echte» Schlachten zu bieten und sie an den Anblick von Kampf und Blut gewöhnt zu halten.

Während man aus heutiger Perspektive erwarten würde, dass die Gladiatorenkämpfe aufgrund ihrer Brutalität heftiger Kritik ausgesetzt waren, traf in der historischen Realität das Gegenteil zu: Die heftigste Polemik richtete sich gegen die Theateraufführungen, deren oft erotische Inhalte als sittenlos und verderblich gebrandmarkt wurden, die Wagenrennen im Circus galten manchen Autoren als überflüssige Verschwendung von Zeit und Geld, bei den Wettkämpfen griechischer Athleten wurde deren Nacktheit als anstößig betrachtet. Gladiatorenkämpfe hingegen waren nur sehr selten Gegenstand der Kritik seitens einflussreicher Kreise, da sie als gut römisch galten und ihnen eine pädagogische Funktion zugeschrieben wurde. Sie stellten für die Römer eben keine sinnlose entgrenzte Gewalt dar, sondern eingehegte und mit gesellschaftlichem Sinn durchtränkte Gewalt. Plinius (61/62–ca. 115 n. Chr.) fand für die *munera* des Trajan die folgenden lobenden Worte: «Nun wurden der Schaulust Spiele geboten! Doch nicht solche mit erschlaffender Wirkung, geeignet, die Energien der Männer zu schwächen und zu brechen, sondern Spiele, die dazu anspornten, ehrenvolle Wunden zu empfangen und den Tod zu verachten, weil man sogar an kämpfenden Sklaven und Verbrechern den Drang zum Ruhm und das Verlangen nach Sieg beobachten konnte.» Als Kontrast dienen, wie aus dem Kontext dieser Stelle geschlossen werden kann, die ‹griechischen› Spiele Domitians, die zu einer Verweichlichung der Römer, zu einer Abkehr von altrömischen Tugenden geführt hätten.

2. Kaiser und Volk im Amphitheater

Heutzutage wird häufig die Formel «Brot und Spiele» verwendet, um öffentliche Schauspiele als prächtige aber inhaltsleere Shows zu brandmarken, die das Volk lediglich von dringenderen politischen Problemen ablenken sollen. Für das römische Amphitheater trifft dies keinesfalls zu, denn was sich dort abspielte, hatte eine enorme politische Relevanz, und dies gilt gleichermaßen für die Republik wie für die Kaiserzeit. Cicero sprach offen aus, dass sich die Meinung der breiten Masse außerhalb von Volks- und Wahlversammlungen vor allem bei den Gladiatorenkämpfen zeigte, denn hier verfügte sie über reale Macht: Wenn die Amtsträger und Senatoren zu ihren Plätzen in den ersten Reihen gingen, wurde jeder Einzelne mit tosendem Beifall, mit Schweigen oder mit Zischen begrüßt, und in den einflussreichen Kreisen registrierte man sehr genau diese Meinungsbekundungen. Und in der Kaiserzeit boten die öffentlichen Spiele einen Raum für die direkte Kommunikation des Volkes mit dem Monarchen, dessen Popularität anhand der Reaktionen des Publikums gemessen werden konnte. Außerdem stand der Kaiser bei den Spielen unter Beobachtung, insbesondere bei seinen Entscheidungen über Tod und Leben unterlegener Gladiatoren. Hier galt es, die Gesten und Zurufe des Volkes zu deuten und eine Balance zwischen Härte und Milde zu finden. Begnadigte der Spielegeber alle Gladiatoren, konnte er in den Verdacht geraten, zu weich zu sein und damit nicht der richtige Mann, um Rom vor seinen Feinden zu schützen; ließ er dagegen zu viele Gladiatoren töten, zog er den Ruf eines grausamen Herrschers auf sich, der einen tapferen Kampf nicht zu würdigen wisse. Letzteres geschah im Jahr 15 n. Chr., als der jüngere Drusus, Sohn des Kaisers Tiberius, ein *munus* ausrichtete. Er verweigerte den Gladiatoren allzu häufig die Begnadigung, was bei der stadtrömischen Bevölkerung zu großer Aufregung führte, denn der möglicherweise künftige Kaiser hatte unangemessene Grausamkeit an den Tag gelegt; Tiberius sah sich letztlich veranlasst, seinen Sohn öffentlich zu rügen. Man sieht an diesem Beispiel, dass es in die Irre führt, die *munera* lediglich als kaiserliches Propagandainstrument aufzufassen, mit dem die Zuschauer zu willfährigen Untertanen erzogen worden seien. Denn die Kommunikation ging nicht bloß in eine Richtung, vom Kaiser zum römischen Volk, sondern war wechselseitig.

In den Augen des römischen Volkes gehörte es zu den Pflichten des Kaisers, zu den Spielen zu gehen und sich bei diesen Anlässen dem Volk zu zeigen. Tiberius zog sich in seinen späteren Regierungsjahren nach Capri zurück und war in Rom nicht mehr zu sehen, und obwohl es dem römischen Volk in diesen Jahren materiell recht gut ging, war er verhasst. Bereits Jahrzehnte zuvor soll sich Caesar den Unmut der Menge zugezogen haben, weil er während der Spiele Briefe diktierte und damit zu erkennen gab, dass ihn das Geschehen in der Arena nicht interessiere. Um dem Volk zu gefallen, versäumten es die meisten Herrscher nicht, höchstpersönlich zu den Spielen zu kommen und die Kämpfe aufmerksam zu verfolgen. Damit erkannten sie symbolisch den Stellenwert des stadtrömischen Volkes an, das im Gegensatz zur Bevölkerung der Provinzen das Privileg besaß, mit dem Kaiser in direkten Kontakt zu treten. Mit demokratischer Mitbestimmung des Volkes hat dies nichts zu tun, denn der Kaiser wurde weder gewählt noch musste er seine Politik in Plebisziten oder durch Volksvertreter bestätigen lassen. Seine Macht beruhte auf dem Militär, aber ein gutes Verhältnis zum Volk von Rom war dennoch wichtig, denn unpopuläre Kaiser liefen große Gefahr, einem Mordanschlag zum Opfer zu fallen oder durch abtrünnige Truppenkommandanten gestürzt zu werden.

Im Idealfall – und man kann davon ausgehen, dass dies auch der Normalfall war – zelebrierte man im Amphitheater den schichtenübergreifenden Normenkonsens, indem man gemeinsam das Urteil über die unterlegenen Gladiatoren fällte. Die Quellen geben keinerlei Hinweise darauf, dass es im Publikum Streit darüber gegeben habe, ob ein Gladiator begnadigt werden solle oder nicht. Dies ist durchaus bemerkenswert und nur damit zu erklären, dass man recht einheitliche Vorstellungen davon hatte, wer ein guter Kämpfer war und wer nicht. Und im Allgemeinen, Drusus markiert hier eine Ausnahme, herrschte auch Einverständnis zwischen dem Publikum und dem *munerarius*. Dann konnte der einfache Bürger im Kolosseum sehen, wie der Kaiser nicht nur demselben Geschehen beiwohnte wie er selbst, sondern auch dieselben Vorstellungen darüber pflegte, welcher Gladiator mit römischer Tapferkeit gekämpft hatte und deshalb das Weiterleben verdient hatte und welcher nicht. Der Mann aus dem Volke konnte außerdem den Glauben nähren, dass er selbst durch seine Gesten und Zurufe den Kaiser beeinflusst und damit Druck auf das Zentrum der Macht des riesigen Römischen Reiches ausgeübt hatte. Diese gemeinschaftliche Urteilsfindung, die gemeinschaftliche Entscheidung über Leben und Tod trug enorm zur Herrschaftsstabilisierung bei.

Auch die römische Sozialordnung wurde im Amphitheater stabilisiert. Denn das Publikum war ja keine unförmige Masse, sondern klar strukturiert, die gesellschaftlichen Hierarchien waren an der Sitzordnung ablesbar. Insbesondere Augustus bemühte sich darum, die Sichtbarkeit der einzelnen Gruppen bei den Spielen zu erhöhen: Erstens ordnete er an, dass römische Bürger zu diesen Anlässen die Toga anzulegen hätten, damit man sie besser von den Personen ohne Bürgerrecht unterscheiden könne. Und zweitens führte er neben der sozialen Gliederung auch eine Geschlechtertrennung ein, indem er Frauen Sitzplätze in den oberen Rängen zuwies. Der Hintergrund dieser Maßnahme ist nicht eindeutig zu bestimmen: Eventuell wollte er die Frauen vom blutigen Geschehen in der Arena wegrücken, vielleicht war die Maßnahme aber auch gegen die Promiskuität gerichtet: Aus Ovids (43 v. Chr.–18 n. Chr.) «Liebeskunst» wissen wir, dass die öffentlichen Spiele ein beliebter Ort für amouröse Annäherungen waren.

Gleichzeitig aber band die Entscheidung über den Verlierer das ganze Publikum zusammen, und trotz der gewaltigen sozialen Unterschiede wurde damit die Einheit der römischen Gesellschaft choreographiert. Schließlich verlief die wichtigste Trennlinie im Amphitheater nicht innerhalb der Zuschauerschaft, sondern zwischen *cavea* und Arena. Auch der Ärmste unter den Zuschauern, der im dichten Gedränge hoch oben auf den schlechtesten Plätzen stand, konnte sich gegenüber den Ausgestoßenen, die in der Arena um ihr Leben kämpften, überlegen fühlen, denn auch er hatte eine gewisse Macht über deren Leben und Sterben. Diese politische und soziale Funktion erfüllten die Gladiatorenkämpfe nur dann, wenn die unterlegenen Gladiatoren eine Chance auf Begnadigung hatten. Die *munera sine missione*, bei denen die Verlierer grundsätzlich getötet wurden, konnten keine gemeinschaftlichen Entscheidungen hervorbringen, weil es nichts zu entscheiden gab. Unter Augustus wurden sie folgerichtigerweise verboten, und dieses Verbot resultierte nicht aus humanitären, sondern aus politischen Motiven.

Die Zeichenhaftigkeit der Gladiatorenkämpfe wird besonders deutlich, wenn man sich die Gesamtkomposition eines *munus* vor Augen führt. Die Tierhetzen am Vormittag markierten den Triumph der Römer über die Natur, die in der Vormoderne üblicherweise nicht als schützenswertes Idyll, sondern als feindlich und gefahrvoll wahrgenommen wurde. Dem Publikum wurde vor Augen geführt, dass sich auch die größten und wildesten Tiere der römischen Macht beugen müssen, und gleichzeitig symbolisierten die Tiere auch die ungeheuren Ausmaße des Römischen Reiches, das völlig unterschiedliche Landschaften mit unterschiedlichster Fauna umfasste. Eindrucksvoll unter Beweis gestellt wurde auch die logistische Kapazität der römischen Administration, der es gelang, große Mengen an Wildtieren zu fangen und lebendig nach Rom zu schaffen. Die Hinrichtungen in der Mittagszeit zeigten die gnadenlose Vernichtung derjenigen Menschen, die sich außerhalb der römischen Ordnung gestellt hatten, sei es durch Aufstände gegen die römische Herrschaft oder durch schwere Verbrechen. Hier führte man in aller Brutalität vor Augen, welches Schicksal die Feinde Roms erwartete. Die komplexeste Symbolik besaßen die am Nachmittag stattfindenden Gladiatorenkämpfe, in denen Ausgestoßene um ihr Leben kämpften: Sie schwebten in Todesgefahr, aber sie hatten eine Chance zu überleben, wenn sie siegten oder begnadigt wurden. Und sie konnten, wenn sie ihre Jahre des Gladiatorendienstes absolviert hatten, in die römische Gesellschaft (re-)integriert werden. Trotz oder gerade wegen ihrer gesellschaftlichen Außenseiterrolle vollzogen sie in der Arena eine Choreographie römischer Tugenden und führten dem Publikum vor Augen, was es hieß, ein Römer zu sein.

3. Gladiatorenkämpfe und die Romanisierung der Provinzen

Die bisherigen Ausführungen dieses Kapitels bezogen sich auf die Spiele in Rom. Aber Gladiatorenkämpfe fanden im ganzen Römischen Reich statt, und außerhalb der Hauptstadt waren die Bedingungen ganz andere: Der Kaiser und seine Familienangehörigen waren dort nicht anwesend, und in den meisten Städten besaß während der ersten beiden Jahrhunderte nach Chris-

tus nur ein geringer Teil der Bevölkerung das römische Bürger-
recht, in der griechischen Reichshälfte waren nur wenige des
Lateinischen mächtig. Vor diesem Hintergrund ist zu fragen, ob
die skizzierte Zeichenhaftigkeit der Gladiatorenkämpfe auf
Rom und vielleicht Italien beschränkt blieb oder auch in den
Provinzen galt.

Zunächst ist festzuhalten, dass die Begeisterung für die Gladiatorenkämpfe im Westen und im Osten des Römischen Reiches
ähnlich ausgeprägt war. Die ältere, stark philhellenisch geprägte
Forschung hatte die geringe Anzahl von Amphitheatern im Osten darauf zurückgeführt, dass die blutigen Gladiatorenkämpfe
bei den edlen Griechen keinen Gefallen gefunden hätten: In der
«Sittengeschichte» Ludwig Friedländers aus dem späten
19. Jahrhundert ist zu lesen, dass sie nur in Korinth, «in der üp-
pigen und reichen Handels- und Seestadt, mit einem ohne Zweifel großen, verdorbenen Pöbel» und manchen Gebieten Asiens
mit «halborientalischer Mischlingsbevölkerung» Anklang gefunden hätten. Doch die Ansicht, die griechisch geprägte Bevölkerung des Ostens habe Gladiatorenkämpfe abgelehnt, ist längst
widerlegt, denn Hunderte von Inschriften bezeugen, dass es hinsichtlich der Frequenz und der Dimensionen von *munera* keinen
gravierenden Unterschied zwischen den Reichshälften gab.

Nach geläufiger Forschungsmeinung waren die Gladiatorenkämpfe ein Vehikel der Romanisierung, indem sie römische
Wertvorstellungen transportierten. Und in der Tat wurden die
ersten *munera*, die im östlichen Mittelmeerraum stattfanden,
von hellenistischen Königen organisiert, deren Romfreundlich-
keit geradezu sprichwörtlich war: vom Seleukidenkönig Antiochos IV. und vom jüdischen König Herodes. Ersterer hatte eine
Zeitlang als Geisel in Rom gelebt und galt als fanatischer Anhänger alles Römischen; es ist also nicht überraschend, dass er
bei einer großen Festveranstaltung 166 v. Chr. neben Prozessi-
onen und sportlichen Wettkämpfen auch Gladiatorenkämpfe
durchführen ließ, wohl weil er sich davon versprach, die Kriegs-
tüchtigkeit seiner Untertanen zu steigern. Herodes, dem es immer wieder gelang, sich die Freundschaft der mächtigsten römischen Männer zu sichern, ließ anlässlich der Gründungsfeier

von Caesarea Maritima 11 v. Chr. Tierhetzen und Gladiatorenkämpfe durchführen; dies war als Hommage an die Römer und
insbesondere an Kaiser Augustus gedacht, der dafür sogar einen
Teil der Kosten übernahm. Doch die Spiele des Antiochos und
des Herodes bildeten Einzelfälle, üblicherweise waren Gladiatorenkämpfe in den Provinzen städtische Veranstaltungen und
wurden von Amtsträgern organisiert. Und dabei lässt sich gerade nicht beobachten, dass die kaiserliche Administration die
Verbreitung von Gladiatorenkämpfen befohlen oder unterstützt
habe; wie der Brief Hadrians an Aphrodisias (→Kap. VII. 2)
zeigt, hielten es manche Kaiser sogar für angemessen, wenn das
Geld für Infrastrukturprojekte anstatt für blutige Spiele ausge-
geben würde. Und auch das berühmte Dekret zur Kostendämpfung der Gladiatorenkämpfe verrät den Willen der römischen
Machthaber, diese Form öffentlicher Unterhaltung nicht unkon-
trolliert anwachsen zu lassen.

Eine planmäßige und systematische Verbreitung der Gladiatorenkämpfe durch die römische Verwaltung ist also nicht plausibel, es müssen andere Triebkräfte gesucht werden. Ein wichti-
ger Faktor scheint die römische Armee gewesen zu sein, denn in
manchen Regionen des Reiches, beispielsweise an der Donau
und in Palästina, wurden Amphitheater in unmittelbarer Nähe
zu Heereslagern errichtet. Die Soldaten als Experten für bewaffneten Kampf hatten offenbar eine besondere Vorliebe für die
Gladiatorenkämpfe. Doch daneben gab es noch weitere Triebkräfte: Vor allem das Prestigestreben der städtischen Honoratioren ist zu nennen, die über die *munera* ihre soziale Überlegenheit
gleich in zweifacher Hinsicht zur Schau stellen konnten. Erstens
konnten sie ihren Reichtum und ihren großzügigen Umgang damit öffentlichkeitswirksam inszenieren, und zweitens konnten
sie, wenn sie eine Genehmigung für neuartige *munera* erreichten, auch ihre Nähe zum Zentrum der Macht unter Beweis stellen. Die scharfe Konkurrenz zwischen den Honoratioren einer
Stadt sorgte dafür, dass die *munera*, waren sie in einer Stadt erst
einmal etabliert, auch in großem Stile fortgeführt wurden.

Konkurrenz fand auch noch auf einer anderen Ebene statt,
nämlich zwischen den Städten. Vor allem im griechischen Osten

des Römischen Reiches gab es Nachbarstädte, die jahrhundertealte Feindschaften pflegten. Unter römischer Herrschaft wurden diese zwar nicht mehr mit Waffengewalt ausgetragen, aber auf einer symbolischen Ebene weitergeführt. Ein Feld des Wettkampfes waren Privilegien, die den einzelnen Städten von Rom verliehen wurden und um die einflussreiche Männer der Städte in vielen Gesandtschaften erbittert rangen; ein anderes Feld waren die Spiele, sowohl die griechischen Wettkämpfe als auch die *munera*. Mit höchster Aufmerksamkeit beobachtete man das Treiben in der Nachbarstadt, und selbstverständlich reklamierte man für sich, die besseren, größeren, prächtigeren Spiele auszurichten. Ein schönes Beispiel für die Städtekonkurrenz in der römischen Kaiserzeit liefern die beiden Metropolen Pamphyliens, Side und Perge, die man deshalb auch als «die feindlichen Schwestern» bezeichnet hat. Anhand von Münzprägungen und Inschriften ist erkennbar, wie man die Konkurrentin als Kontrastfolie für die Leistungen der eigenen Stadt benutzte, und in einem Lobgesang von Perge (275/76) heißt es unter anderem: «Lebe hoch, Perge, der Konsulare *munera* ausrichten» – hier wird der Rang der Spiele dadurch unterstrichen, dass sie von Angehörigen der römischen Reichsaristokratie organisiert wurden. Für die Bürger von Pompei bedeutete es nicht nur einen Verlust an Unterhaltung, sondern auch an Prestige, als Kaiser Nero dieser Stadt im Jahre 59 ein zehnjähriges Verbot von *munera* auferlegte, nachdem es zu Krawallen unter den Zuschauern gekommen war. Anlass der Ausschreitungen waren nach Tacitus' Bericht gegenseitige Provokationen zwischen den Einwohnern Pompeis und der Nachbarstadt Nuceria gewesen – auch in diesem Fall spielte also die Städtekonkurrenz eine Rolle!

Es ist nicht auszuschließen, dass die Menschen im Römischen Reich in dem Bau eines Amphitheaters und der Ausrichtung von *munera* einen Ausdruck römischer Zugehörigkeit, ein Bekenntnis zur römischen Kultur und zur römischen Herrschaft sahen. Schließlich waren die *munera* an die Kaiserpriester geknüpft, die auf einer kultischen Ebene die Verbindung zwischen der Reichsbevölkerung und der Machtzentrale herstellten. Eindeutige Belege für ein solches Bekenntnis zum Römertum liefern die Quellen indes nicht; was man hingegen anhand des überlieferten Materials eindeutig zeigen kann, ist das bis in die Spätantike anhaltende Bewusstsein, dass es sich bei den Gladiatorenkämpfen um ein Produkt der römischen Kultur handelte. So entwickelten die Griechen keine eigene Terminologie, sondern übernahmen die lateinischen Begriffe: *murmillo, secutor* und andere Gladiatorentypen, ferner *familia, palus* und weitere Fachtermini; sie alle wurden als Lehnwörter in die griechische Sprache integriert. Das ist ein höchst seltener, ja sensationeller Befund, denn während die lateinische Sprache auf vielen Feldern, beispielsweise in der Philosophie und Bildenden Kunst, zahlreiche griechische Wörter übernahm, war der sprachliche Einfluss in die andere Richtung sehr begrenzt. Die Gladiatorenkämpfe waren das einzige Feld, in der es zu einer fast kompletten Übernahme der lateinischen Terminologie kam, und damit wurden sie als Import in die Kultur der griechischen Städte markiert. Auffällig ist auch, dass viele Gladiatoren im griechischen Osten beim Eintritt in die Kaserne lateinische Kampfnamen annahmen und sich in der Arena Victor, Martialis oder Ferox nannten. Bei diesen handelte es sich nicht um Einwanderer aus Italien, denn ihre bürgerlichen Namen waren griechisch; vielmehr wollten sie – oder ihre *lanistae* – durch die lateinischen Gladiatorennamen ausdrücken, dass sie jetzt einer typisch römischen Tätigkeit nachgingen.

In der Synthese zeigt sich, dass die Gladiatorenkämpfe, was ihre Bedeutung und gesellschaftliche Funktion betrifft, nicht auf einen einheitlichen Nenner zu bringen sind, sondern ein vielschichtiges und facettenreiches Phänomen waren, das sich je nach Perspektive unterschiedlich darstellte. Die Kaiser mögen in den *munera* vor allem eine Möglichkeit gesehen haben, ihre Macht zu demonstrieren, sich dem Volk zu zeigen und ihre Popularität zu festigen. Für die Bevölkerung der Stadt Rom handelte es sich um ein prachtvolles Spektakel, das ihren Status als bevorzugte Gruppe des Römischen Reiches untermauerte und idealiter durch die Anwesenheit des Kaisers geadelt wurde; die im Amphitheater gefühlte Macht über das Leben der Gladiatoren in der Arena wird ein weiterer Grund gewesen sein, warum die Amphitheater so gut besucht waren. Ob bei der Betrachtung der grausamen Kämpfe eine voyeuristische Freude über das Blutvergießen oder eine ‹sportliche› Kennerschaft überwog, wird sicher von Zuschauer zu Zuschauer höchst unterschiedlich gewesen sein. Für manche Aristokraten wird die Sitzordnung ein entscheidendes Element der *munera* gewesen sein, da durch die räumliche Trennung der Zuschauerschaft die Standesgrenzen sichtbar gemacht und bestätigt wurden, ebenso auch durch die strikte Trennung des Publikums von den Verfemten, die in der Arena zu kämpfen hatten. Für die römische Gesellschaft insgesamt brachten die Gladiatorenkämpfe eine Verständigung über die Werte eines echten Römers und eine Choreographie schichtenübergreifenden Konsenses. Für die sozialen Eliten in den Provinzen waren die *munera* ein Mittel, um ihre Großzügigkeit zu zeigen und ihren sozialen Vorrang zu untermauern. Die Städte hatten eine Plattform, um ihre Konkurrenz auszutragen und die ungeliebten Nachbarn zu überbieten; schichtenübergreifend mag man darüber hinaus in den *munera* eine Möglichkeit gesehen haben, die Verbundenheit zu Rom zum Ausdruck zu bringen.

Und die Gladiatoren selbst? Welche Bilder und Vorstellungen verbanden sie mit ihrem Tun in der Arena? In der Forschung wird ihre Perspektive meist nur kursorisch behandelt, weil man den Schwerpunkt auf die literarischen Quellen legt, die von der gebildeten Oberschicht verfasst wurden. Und in der Tat sind die antiken Deutungen der Gladiatorenkämpfe zumeist aus der Perspektive der Zuschauer verfasst, doch ein wenig Kenntnis haben wir auch über die Perspektive der Gladiatoren. Denn die Grabsteine der Gladiatoren, vor allem die mit umfangreicheren Inschriften und Reliefschmuck versehenen Exemplare aus dem griechischen Osten, geben einen Einblick, mit welchem Sinn die Protagonisten der Arena ihre Tätigkeit aufluden (→ Kap. V. 3). Von Zwang, Unterdrückung und dem harten Leben in der Gladiatorenkaserne ist darin nicht die Rede, sondern von einem Wettkampf um Ruhm und Ehre. Als Leitbilder dienen teils die Helden des griechischen Mythos, teils die gesellschaftlich hochangesehenen Athleten.

IX. Kritik und Niedergang

I. Kritik in der heidnischen Literatur

Die *munera* haben in der Moderne Abscheu und Entsetzen hervorgerufen, sie wurden seit der Aufklärung vielfach als dunkler Fleck auf dem ansonsten strahlenden Bild der klassischen Antike wahrgenommen. Um die Spannung zwischen den hohen zivilisatorischen Errungenschaften der Römer und den grausamen Schauspielen in römischen Arenen aufzulösen, versuchte man den Nachweis zu führen, dass zumindest die vornehmen und gebildeten Römer die Gladiatorenkämpfe abgelehnt hätten; damit wollte man die Gewalt der Arenen allein blutrünstigen Kaisern und dem unzivilisierten Pöbel zuschreiben, die Vorbildhaftigkeit der geistigen antiken Tradition hingegen bewahren. Das Ende der Gladiatorenkämpfe erschien in dieser Optik als eine konsequente Folge zivilisatorischen Fortschritts, der von gebildeten Kreisen vorangetrieben worden sei.

Doch wenn man in den antiken lateinischen Texten nach kritischen Stimmen zu Gladiatorenkämpfen sucht, ist die Ausbeute erstaunlich gering. Zwar lassen sich zahlreiche Passagen anführen, in denen Verachtung gegenüber Gladiatoren ausgedrückt wird, doch dabei handelte es sich um einen Ausfluss elitären Standesdünkels, nicht um eine Kritik an den Gladiatorenkämpfen an sich. Diese standen nicht zur Diskussion: Von allen öffentlichen Schauspielen in Rom wurden sie am wenigsten angegriffen (→ VIII. 1), und sofern Kritik geübt wurde, war sie nicht humanitär begründet: Wenn Cicero schreibt, die Gladiatorenkämpfe erschienen seiner Zeit grausam und unmenschlich, so führt er das darauf zurück, dass auch Freiwillige in der Arena kämpften. Keinerlei Anstoß hingegen sei daran zu nehmen, wenn Verbrechern beim Kämpfen und Sterben zugesehen werde, im Gegenteil, dies habe sogar eine wertvolle pädagogische Funktion. Man kann von römischen Autoren keine moralischen

Forderungen auf der Grundlage der Menschenrechte erwarten: Die Idee, alle Menschen seien gleich und gleich viel wert, war den Römern fremd, vielmehr zelebrierten sie in der Sklaverei eine extreme Form der Ungleichheit; Sklaven, Verbrecher und andere Ausgestoßene in der Arena sterben zu sehen, galt nicht als grausam.

Einige, die nach einer römischen «Opposition» gegen die Gladiatorenkämpfe suchten, glaubten bei Seneca fündig geworden zu sein, denn der Philosoph und Staatsmann (ca. 1 v. Chr. bis 65 n. Chr.) widmete einen seiner «moralischen Briefe» den *munera*: «Durch Zufall bin ich in das Mittagsprogramm des Schauspiels geraten, Scherze erwartend und Witze und etwas Entspannung, womit sich der Menschen Augen vom Menschenblut erholen: das Gegenteil ist der Fall. Die Kämpfe zuvor waren noch Mitleid; nun lässt man die Mätzchen, und es ist der reine Mord: nichts haben sie, sich zu schützen. Dem Hieb mit ganzem Körper ausgesetzt, schlagen sie niemals vergeblich zu. Das ziehen die meisten Zuschauer den regulären, sonst geforderten Kampfpaaren vor. Warum sollten sie es nicht vorziehen? Nicht Helm, nicht Schild weist ab das Schwert. Wozu Finten? All das ist Verzögerung des Todes. Morgens wirft man den Löwen und Bären Menschen vor, mittags ihren Zuschauern. Mörder werden auf deren Befehl künftigen Mördern vorgeworfen, und den Sieger heben sie für einen weiteren Mord auf; Abschluss ist der Kämpfenden Tod: mit Schwert und Feuer wird die Sache ausgefochten.» Die Grausamkeit des Blutvergießens wird hier mit deutlichen Worten angeprangert; jedoch geht es Seneca nicht um die Gladiatorenkämpfe, sondern um mittägliche Hinrichtungen, die in diesem Fall durch eine Massenschlacht bis zum Tode aller Delinquenten durchgeführt wurden. Und zweitens, das macht der Kontext deutlich, sind in Senecas Optik nicht die Getöteten, sondern die Zuschauer die eigentlichen Leidtragenden des Schlachtens: «Nichts aber ist so schädlich für einen guten Charakter, wie sich bei irgendeinem öffentlichen Schauspiel niederzulassen: dann nämlich schleichen sich durch Vermittlung des Vergnügens Fehlhaltungen besonders leicht ein. Was, meinst du, sage ich? Habgieriger kehre ich zurück, ehrgeiziger, genusssüchtiger, nein – grausamer und unmenschlicher, weil ich unter Menschen gewesen bin.» Mit Nächstenliebe hat das wenig zu tun, Menschenleben zählten für Seneca weit weniger als die sittliche Vervollkommnung seiner aristokratischen Leserschaft.

Wenn Kritik an Gladiatorenkämpfen laut wurde, dann bezog sie sich zumeist auf Auswüchse, nicht auf die Institution an sich. Vor allem Kaiserkritik wurde an dem Umgang mit *munera* festgemacht: Claudius soll diese in einem exzessiven Umfang gegeben haben und sich dabei am Leid der Kämpfer geweidet haben; besonders gerne habe er den *retiarii* zugesehen, weil diese keinen Helm trugen und er deren Qualen an der Mimik habe ablesen können. Caligula und Commodus werden dafür gebrandmarkt, dass sie selbst als Gladiatoren auftraten, Nero und Domitian dafür, dass sie unschuldige und vornehme Römer zum Kampf in der Arena zwangen und damit die Klassenschranken einzuebnen drohten. Tacitus kritisiert Tiberius' Sohn Drusus für seine Verweigerung der Begnadigung auch bei tapferen Gladiatoren, aber er fügt sogleich hinzu, dass es sich um «wertloses» Blut gehandelt habe.

Auch bei den griechischen Autoren lassen sich keine Spuren einer verbreiteten Opposition gegen die Gladiatorenkämpfe finden, und das hat die Forschung sehr überrascht, die in klassizistischer Tradition annahm, das blutrünstige Spektakel der Arena habe zumindest bei den philosophisch und ästhetisch geschulten Griechen Anstoß erregen müssen. Doch das ist nicht der Fall: Der breiten Masse gefielen die *munera*, und auch von den Gebildeten wurden sie nicht als ungriechisch und barbarisch abgelehnt. Selbst manche kritischen Aussagen zeugen davon, wie unproblematisch die Gladiatorenkämpfe in den intellektuellen Horizont der Griechen integriert werden konnten. Plutarch schreibt in einer Schrift über die Regeln der Staatskunst: «So ist von allen Arten der Liebe diejenige zugleich die stärkste und die göttlichste, die bei den Städten und Bürgerschaften zu einer Person wegen deren Tugend erwächst. Diese fälschlich so bezeichneten und lügnerisch bezeugten ‹Ehren› aufgrund von Theateraufführungen, Geldverteilungen oder Gladiatorenkämpfen ähneln hingegen buhlerischen Schmeicheleien gegenüber dem Pöbel; dieser lächelt immer demjenigen zu, der Gaben verteilt und Gefallen erweist, ein vergänglicher und unsicherer Ruhm.» Diese Passage wurde manchmal dazu herangezogen, einen antirömischen Gladiatorendiskurs in der griechischen Literatur zu konstruieren, doch das ist nicht stichhaltig: Denn es handelt sich dabei ja nicht um eine spezifische Kritik an den *munera*, die Kritik richtet sich generell gegen den Euergetismus. Der Umstand, dass die Gladiatorenkämpfe parallel zu Theateraufführungen genannt werden – Letztere hatten bekanntlich eine lange griechische Tradition –, macht deutlich, dass Plutarch die in Griechenland neuen Gladiatorenkämpfe wie selbstverständlich in das Panorama öffentlicher Schauspiele einordnet.

Die einzigen Texte, in denen fundamentale Kritik an Gladiatorenkämpfen geübt wird, beziehen sich auf Athen. Der Philosoph Apollonios von Tyana (1. Jh. n. Chr.) ermahnte die Athener, dass die blutigen Spiele im Dionysostheater die Götter abschrecken würden, denn sowohl Dionysos als Kultherr der Stätte als auch Athena, die von ihrem Tempel auf der Akropolis das Gemetzel beobachten könne, würden sich entsetzt abwenden. Doch diese Kritik ist die große Ausnahme; verglichen mit den Olympischen Spielen, die in der griechischen Literatur der Kaiserzeit vielfach als törichter Wettkampf muskelbepackter Dummköpfe gebrandmarkt wurden, blieben die Gladiatorenkämpfe auch in der griechischen Literatur von Polemik weitgehend verschont.

2. Christliche Kritik

Die Martyrienberichte über Christen, die zum Tod in der Arena verurteilt wurden und dort die Stärke ihres Glaubens unter Beweis stellten, indem sie ruhig und unerschrocken die wilden Tiere oder die Henker erwarteten, sind in der Moderne stark rezipiert und in vielen Gemälden, Romanen und Filmen verarbeitet worden. Für die christliche Heilsgeschichte haben diese Erzählungen eine große Bedeutung, in der Geschichte der *munera* bilden sie hingegen nur eine Fußnote: Unter den Verurteilten, die in den Arenen des Römischen Reiches hingerichtet wurden, bildeten Christen lediglich eine Minderheit, und noch viel seltener waren sie unter den Gladiatoren zu finden. Wenn man hingegen die Kritik an den Gladiatorenkämpfen betrachtet, müssen christliche Autoren unbedingt berücksichtigt werden, denn bei ihnen werden die *munera* weit häufiger und vehementer attackiert als in der heidnischen Literatur.

Allerdings knüpfte die christliche Kritik in vieler Hinsicht an heidnische Konzepte an. So stand im Zentrum der Betrachtungen zumeist nicht der Mensch, der in der Arena um sein Leben kämpfte, sondern der Zuschauer in der *cavea*. Augustinus von Hippo berichtet in seinen «Bekenntnissen» (um 400 n. Chr.) über den jungen Christen Alypius, der von seinen Freunden überredet worden war, sie ins Amphitheater zu begleiten. Um seine Distanz gegenüber dem Spektakel zu wahren, habe er die Augen geschlossen, doch als ein Gladiator fiel und die Menge laut aufschrie, habe er sie unwillkürlich wieder geöffnet, und sofort sei er von der Leidenschaft für die *munera* durchdrungen worden, wie Augustinus mit drastischen Worten beschreibt: «... elender fiel er hin als der, durch dessen Fall das Geschrei entstanden war ... Denn wie er das Blut sah, schlürfte er mit dem Blutgeruch auch unmäßige Wildheit in sich hinein ... und hatte seine Freude an dem verbrecherischen Kampfe und berauschte sich in blutgieriger Wollust.» Wie bei Seneca ist dies die elitäre Perspektive: Es geht auch Augustinus hier nicht um Humanität, nicht um Mitleid für die Menschen in der Arena, sondern um den schädlichen Einfluss auf die Moral der Zuschauer.

Für Prudentius, einen christlichen Dichter aus Spanien und Zeitgenossen des Augustinus, bildeten die Gladiatorenkämpfe einen Ansatzpunkt für eine generelle Abrechnung mit der heidnischen Religion. Seine konkrete Forderung, die Priesterinnen der Vesta sollten alle Privilegien verlieren, macht er an deren Verhalten während der *munera* fest: «Sie springt bei jedem Schlag auf, und wann immer der siegreiche Gladiator sein Schwert in den Hals seines Gegners stößt, nennt sie ihn ihren Liebling, und indem sie ihren Daumen nach unten richtet, befiehlt dieses sittsame Mädchen, die Brust des hingestreckten

Gladiators auseinanderzureißen.» Dies ist die Beschreibung der leidenschaftlich dem Kampf folgenden Vestalinnen, die bei Gérômes berühmtem Gemälde (Abb. 1) Pate stand. Die Priesterinnen zeigen in dieser Darstellung Grausamkeit und sexuelle Erregung, die ihren Status als ehrbare Frauen und jungfräuliche Dienerinnen der Vesta konterkarierten. Das Gedicht mündet in die Forderung an Kaiser Honorius, die Gladiatorenkämpfe abzuschaffen.

Bereits viel früher hatte Tertullian, ein bedeutender Kirchenvater aus Karthago (ca. 160–220 n. Chr.), eine umfangreiche und detaillierte Attacke gegen die *munera* lanciert. Aus der Schrift «Über die Schauspiele» wird ersichtlich, dass zu seiner Zeit offenbar auch viele Christen gerne zu den Spielen gingen, und dies wird von Tertullian aufs schärfste kritisiert. Alle öffentlichen Spiele seien von Christen prinzipiell zu meiden, denn es handele sich dabei um Götzendienst, der mit der christlichen Lehre nicht zu vereinbaren sei. Tertullian war ein exzellenter Kenner der heidnischen Literatur und wusste von der ursprünglichen Verbindung der Gladiatorenkämpfe mit Bestattungen; bei einem solchen Totenkult handelte es sich nach seiner Erklärung um eine Facette der Götzenanbetung. Tertullian führt noch weitere Argumente gegen die *munera* an: Bei ihm bricht auch stark die christliche Barmherzigkeit und der Schutz menschlichen Lebens durch, da nach seinen Worten kein Christ sich freuen könne, wenn das Blut von Mitmenschen vergossen würde. Das mögliche Gegenargument, es handele sich ja lediglich um das Blut von Verbrechern, formuliert er selbst und widerlegt es: Erstens müsse ein Christ betrübt sein, dass ein Mensch Verbrechen begangen habe, und dürfe sich nicht daran erfreuen, dass ihm nun ein grausames Schicksal bereitet würde. Zweitens seien nicht alle Verurteilungen gerecht, sondern könnten auch durch einen Irrtum oder durch die Rachsucht des Richters zustande gekommen sein. Und drittens befänden sich unter den Gladiatoren auch Freiwillige, die sich keines Verbrechens schuldig gemacht hätten. «Sicher ist wenigstens, dass Unschuldige als Gladiatoren zu den Spielen gemietet werden, um dem Amüsement des Publikums zum Opfer zu dienen. Was die-

jenigen betrifft, die zu den Spielen verurteilt werden, so ist es
ganz unverhältnismäßig, dass man sie anlässlich ihrer Bestrafung wegen eines geringeren Vergehens nun gar noch zum Mor-
de treibt. Das wäre unsere Antwort für die Heiden. Im übrigen
aber verhüte Gott, dass ein Christ über die Verabscheuungs-
würdigkeit der Schauspiele noch weiterer Belehrung bedürfe!»
     Insgesamt aber spielen humanitäre Aspekte auch bei Tertulli-
an nur eine untergeordnete Rolle. Denn seine Kritik trifft nicht
nur die *munera*, mit gleicher Schärfe werden auch die Aufführungen im Theater, dem Stadion und dem Circus angegriffen.
Diese Orte wimmelten von bösen Dämonen, sie seien alle Orte
des Götzendienstes. Auch werden Theateraufführungen als un-
sittlich gebrandmarkt, der Ringkampf wird mit den Bewegungen einer Schlange verglichen und damit als teuflisch etikettiert.
Völlig im Widerspruch zu Barmherzigkeit und Nächstenliebe
steht der Schluss der Schrift, in der Tertullian das Jüngste Ge-
richt als gewaltiges Spektakel ankündigt, gegen das alle weltli-
chen Schauspiele armselig seien: Tertullian zeichnet die Bestrafung der Sünder wie die Hinrichtungen in der Arena, mit ausge-
feilten Methoden und unter den Augen eines begeisterten, hier
christlichen Publikums: « ... dann muss man sich die Schauspieler anschauen, wie sie noch weichlicherer und lockerer durch
das Feuer geworden sind; dann muss man sich den Wagenlenker
ansehen, wie er auf flammendem Rade erglüht; dann die Athleten betrachten, wie sie nicht wie in der Ringschule mit Sand,
sondern mit Feuer beworfen würden.» Die Christen bräuchten
sich also nicht zu grämen, wenn ihnen aufgrund ihres Glaubens
verwehrt sei, ins Amphitheater zu gehen – sie würden bald etwas Besseres zu sehen bekommen!

3. Der Niedergang der Gladiatorenkämpfe

Rein quantitativ erlebten die *munera* im 2. und 3. Jahrhundert
ihren Höhepunkt: Für diese Zeit belegen sowohl Inschriften als
auch erhaltene Spielstätten die regelmäßige Durchführung von
Gladiatorenkämpfen und Tierhetzen in fast allen größeren und
vielen kleineren Städten des Römischen Reiches. Ein signifikan-

ter Einbruch, der gleichermaßen die westlichen wie die östlichen Provinzen des Imperiums betraf, fand an der Wende zum 4. Jahrhundert statt: Dieser Einbruch lässt sich sowohl am Rückgang der Grabsteine von Gladiatoren wie an den seltener werdenden Erinnerungsmonumenten der Ausrichter ablesen, auch werden die Gladiatorenkämpfe in der Bildkunst von anderen Motiven verdrängt. In Rom selbst lief die Entwicklung mit Verzögerung ab, weil dort die *munera* am festesten verwurzelt waren: Für das 4. und 5. Jahrhundert gibt es noch einige Zeugnisse für ihre Fortexistenz, Gladiatorenkämpfe im Kolosseum sind zum letzten Mal für 434/5 überliefert. Tierhetzen waren weder in Rom noch in den Provinzen von einem vergleichbaren Niedergang betroffen, sie überlebten sogar das Ende des Weströmischen Reiches: Ein römischer Konsul richtete noch 523, als schon längst die Ostgoten unter Theoderich Rom und Italien beherrschten, im Kolosseum Kämpfe wilder Tiere aus.

Der Niedergang der Gladiatorenkämpfe bedarf einer Erklärung. Bei erster Betrachtung scheint diese leicht zu fallen, da sich fast zeitgleich der Sieg des Christentums als führender Religion des Römischen Reiches vollzog: Konstantin (312–337) war der erste römische Kaiser, der den christlichen Glauben und die christliche Kirche massiv förderte, und fast alle Nachfolger taten es ihm gleich. Auch wenn sich das Christentum reichsweit erst in einem langen Prozess durchsetzte und die Führungsschicht in ihrer Mehrheit noch lange dem traditionellen Glauben anhing, könnte man dennoch vermuten, dass die christlichen Kaiser die Polemik der Kirchenväter gegen die *munera* in Regierungshandeln umsetzten. Diese These wird scheinbar durch einen Erlass Konstantins aus dem Jahr 325 gestützt, in dem er die Verurteilung von Verbrechern *in ludum* verbot; anstatt zum Gladiatorendienst sollten die Verbrecher zur Zwangsarbeit in den Bergwerken verurteilt werden. Doch bei näherem Hinsehen ist zu erkennen, dass Konstantin gar nicht die *munera* bekämpfte, sondern ökonomische Motive hatte. Denn unter seinem Konkurrenten Licinius, der bis zu diesem Jahr den Osten des Römischen Reiches beherrscht hatte, waren zahlreiche Christen zur Zwangsarbeit verurteilt waren, und als Konstantin

nach seinem Sieg über Licinius diesen die Freiheit geschenkt
hatte, war ein empfindlicher Arbeitskräftemangel im Bergbau
die Folge, dem jetzt entgegengesteuert wurde. Auch wurden von
dem Erlass nicht die Gladiatorenkämpfe selbst, sondern lediglich die Regeln der Rekrutierung modifiziert. Konstantin hatte
keinesfalls vor, die *munera* abzuschaffen: Drei Jahre später organisierte er in Antiochia in Syrien persönlich ein solches Schauspiel, und er erlaubte der Stadt Spello in Umbrien ausdrücklich,
Gladiatorenkämpfe auszutragen, damit die Bewohner nicht in
die Nachbarstädte ausweichen müssten.

Auch von anderen christlichen Kaisern sind Maßnahmen
überliefert, welche die Gladiatorenkämpfe einschränkten, nicht
jedoch deren Abschaffung zum Ziel hatten. Valentinian verbot
365 n. Chr. die Verurteilung von Christen *in ludum* – man sieht
hier, dass Konstantins Erlass räumlich und zeitlich beschränkt
gewesen war –, aber da für heidnische Delinquenten diese Strafe
nach wie vor möglich war, handelte es sich weniger um einen
Angriff auf die *munera* als um ein Privileg für Christen, ein
Privileg, das auch Heiden zur Bekehrung anspornen sollte.
399 n. Chr. wurde in Rom ein Mönch, der ein *munus* verhindern wollte, von der wütenden Menge zerrissen, und in der
Konsequenz verbot Kaiser Honorius die Gladiatorenkämpfe.
Allerdings war diese Maßnahme auf Rom begrenzt und ebenfalls nicht durch christliche Ideale der Menschenliebe motiviert.
Sie steht vielmehr in der Tradition, die Bevölkerung einer Stadt,
in der es zu Krawallen gekommen war, durch die Aussetzung
von Spielen zu bestrafen, wie es bereits 59 n. Chr. in Pompei geschehen war.

Es gibt also keine direkte Verbindung zwischen der Kritik der
Kirchenväter an den *munera* und der Gesetzgebung, denn mit
Ausnahme der Privilegierung von Christen unterschieden sich
die Maßnahmen christlicher Kaiser im Hinblick auf die *munera*
kaum von denjenigen ihrer heidnischen Vorgänger. Rechtliche
Einschränkungen hatte es bereits früher gegeben, neben dem
10-jährigen Verbot von *munera* für Pompei ist auch an Hadrians
Verbot, einen Sklaven ohne Gerichtsurteil an einen *lanista* zu
verkaufen, oder an die Neuregelung der Kosten durch Marcus

Aurelius zu denken. Letzterer war stark von der stoischen Lehre beeinflusst und hatte nach seinem eigenen Zeugnis eine persönliche Abneigung gegen die Gladiatorenkämpfe, auf seine Gesetze wirkte sich das aber nicht aus. Ähnlich sind auch die Maßnahmen der christlichen Kaiser weniger von der christlichen Ethik motiviert als von politischen und ökonomischen Erwägungen. Auch gab es weiterhin grausame Hinrichtungen in der Arena, Folterungen bei Verhören waren nach wie vor an der Tagesordnung; keinesfalls kann man davon sprechen, dass die christliche Barmherzigkeitslehre in der Spätantike zu einem generell humaneren staatlichen Handeln geführt habe.

Aber welches waren dann die Gründe für das Ende der Gladiatorenkämpfe? Der französische Althistoriker Georges Ville suchte die Ursachen nicht auf religiöser, sondern auf ökonomischer Ebene: Grundlage für die Blüte der *munera* in den Provinzen seien finanzstarke Städte mit einer stabilen sozialen Elite an der Spitze gewesen. Deren Nöte, die *munera* zu finanzieren, seien schon an dem Gesetz von 177 abzulesen, die große Reichskrise des 3. Jahrhunderts, gleichermaßen von politischer wie von wirtschaftlicher Instabilität geprägt, habe die Probleme verschärft, kurz: Für Gladiatorenkämpfe habe nun das Geld gefehlt. Es stellt sich aber die Frage, warum der Niedergang gerade die Gladiatorenkämpfe betraf, während andere Formen öffentlicher Unterhaltung von solchen Einbrüchen verschont blieben: Die Wagenrennen im Circus gingen nicht nur weiter, sie erreichten im spätantiken Circus von Konstantinopel sogar die größten Ausmaße, die sie je hatten! Und auch Tierhetzen wurden weiterhin durchgeführt, in Rom wie in den Provinzen, ja im Grunde leben sie in Form des Stierkampfes bis heute fort. Da die Aufzucht von leistungsfähigen Rennpferden, der Unterhalt des Circus und dessen Ausschmückung für die Rennen, der Fang und der Unterhalt von afrikanischen Großtieren enorme Summen verschlangen, reicht die ökonomische Erklärung nicht aus; man muss vielmehr danach fragen, warum Kaiser und städtische Eliten das Geld nicht für Gladiatorenkämpfe, sondern für andere Schauspiele ausgaben.

Und hier scheint dann doch ein Zusammenhang mit der

Christianisierung vorzuliegen, aber nicht im Sinne eines Verbots durch christliche Kaiser, sondern auf anderen Ebenen. Zunächst ist auf die Veränderung der städtischen Ämterstruktur zu verweisen: Mit dem Kaiserkult und den Kaiserpriestern fiel eine wichtige organisatorische Basis der *munera* weg, und in vielen Städten übernahmen die Bischöfe Funktionen der traditionellen Amtsträger. Außerdem ist zu bedenken, dass die Kirchenväter zwar nicht ein kaiserliches Verbot der Gladiatorenkämpfe erzwingen konnten, sie aber natürlich einen erheblichen Einfluss auf die potenziellen Ausrichter und auf die potenziellen Besucher von öffentlichen Spielen ausübten. In diesem Punkt scheint sich ihre Polemik auf die Gladiatorenkämpfe konzentriert zu haben, weniger wegen deren Grausamkeit – wie gesehen, wurde die römische Gesellschaft in der Spätantike keinesfalls humaner –, sondern weil man in ihnen eine gewisse Konkurrenz zur christlichen Lehre erblickte. Dies hat der Historiker Thomas Wiedemann im Hinblick auf die entscheidende Situation der Gladiatorenkämpfe, der Bitte des Unterlegenen um Begnadigung, zu begründen versucht: Gladiatoren waren vom Tode bedroht, aber wenn ihnen die *missio* gewährt wurde, entrannen sie dem Todeslos und zählten wieder zu den Lebenden. Diese Symbolik wurde als Konkurrenz für die christliche Lehre von Tod und Auferstehung betrachtet, und deshalb seien nach Wiedemann die Gladiatorenkämpfe im Gegensatz zu Tierhetzen, Hinrichtungen und Wagenrennen nicht in eine christlich geprägte Gesellschaft zu integrieren gewesen.

Der Niedergang der Gladiatorenkämpfe ist gerne als zivilisatorischer Fortschritt betrachtet worden, der aus humanitären Überlegungen fortschrittlicher Intellektueller hervorgegangen sei, ähnlich wie in der Moderne das Folterverbot, die Abschaffung der Sklaverei oder der Tierschutz. Dies trifft die historische Realität jedoch nicht; wie gesehen spielten humanitäre Motive bei der Kritik an *munera* nur eine geringe Rolle. Vielmehr wirkten viele Ursachen, die politischer, ökonomischer wie religiöser Natur waren, zusammen, dass die Gladiatorenkämpfe, die jahrhundertelang einen festen Bestandteil im öffentlichen Leben der griechisch-römischen Städte gebildet hatten, ihr Ende fanden.

Anhang

① Alpes Maritimae
② Alpes Cottiae
③ Alpes Poeninae et
   Graiae/Atrectianae

Orte mit bedeutenden
Gladiatorenkämpfen

Antoninuswall

Hadriansmauer

Britannia
Inferior

Mare
Germanicum

Britannia
Superior

Oceanus
Atlanticus

Londinium
(London)

Germania
Inf.

Castra Vetera

Belgica

Lugdunensis

Lutetia
(Paris)

Augusta Treverorum

GALLIA

Rhenus

Danuvius

Raetia et
Vindelicia

Aquitania

Germania
Sup.

Noricu

Liger

Lugdunum
(Lyon)

③

Burdigala
(Bordeaux)

Verona

Conimbriga
(Condeixa Velha)

Nemausus

②
①

Padus

Togus

Arelate

HISPANIA

Lusitania

Narbonensis

Spello

Salona

Augusta Emerita

Hispania
Tarraconensis

Tarraco
(Tarragona)

Sardinia et
Corsica

Rom

Baetica

Capua

Urso

Nova Carthago
(Cartagena)

Pompeji

Mauretania
Tingitana

Caesarea
(Cherchel)

Sicilia

Mauretania
Caesariensis

Numidia

Carthago

Syracusae
(Syrakus)

Die Provinzen des Imperium Romanum
von Augustus bis Septimius Severus

------ Provinzgrenze

Mauer- und/oder Wallanlagen

.... Flußgrenze

Leptis
Magna

Africa
Proconsularis

0   200   400   600 km

Orte mit bedeutenden Gladiatorenkämpfen

Mare uebicum

GERMANIA MAGNA

Carnuntum

Mare Caspium

Dacia Porolissensis

nnonia p.

Inf.

Dacia Sup.

Inf.

yricum almatia

Moesia Sup.

Serdica

Philippopolis

Inf.

Tomis

Pontus Euxinus

Bithynia et Pontus

Amisos

Armenia

Thracia

Nicomedia

Ancyra (Ankara)

Macedonia

Thessalonike

Cappadocia

Galatia

Larisa

Pergamon

Caesarea

Osrhoëna

Assyria

Epirus

icopolis

Asia

Patrae

Corinthus

Athen

Ephesos

Perge

Mesopotamia

Achaia

Lycia Side

et Pamphylia

Cilicia

Antiochia

Euphrat

Tigris

Cyprus

Syria

Ktesiphon

Creta

Knossos

Paphus

Gortyna

Mare Internum

Ptolemais

Caesarea

Iudaea

Cyrene

Alexandria

Petra

Aegyptus

Arabia

Zeittafel

107	Triumphalspiele Trajans: 123 Tage, 10 000 Gladiatoren, 11 000 Tiere
177	Gesetz zur Eindämmung der Kosten der Gladiatorenkämpfe
192	Kaiser Commodus kämpft im Kolosseum als Gladiator
ab 300	Markanter Rückgang der Gladiatorenkämpfe in den Provinzen
325	Konstantin verbietet die Verurteilung von Straftätern in die Gladiatorenkaserne
399	Krawalle vor Gladiatorenkämpfen in Rom; Kaiser Honorius verbietet für die Stadt die Gladiatorenkämpfe
434/5	Letzte überlieferte Gladiatorenkämpfe im Kolosseum

Glossar

armatura: Waffengattung mit vorgeschriebenen Waffen und Rüstungsteilen

auctoratus: freiwilliger Gladiator

cavea: Zuschauerrund im Amphitheater

familia: wörtlich «Familie», auch Bezeichnung für eine Gladiatorentruppe

infamia: rechtliche Beschränkungen für bestimmte Personengruppen, z.B. Gladiatoren, Wagenlenker

lanista: Besitzer einer Gladiatorentruppe

ludus: Gladiatorenkaserne

missio: Begnadigung eines Gladiators

munerarius: Veranstalter von Gladiatorenkämpfen

munus: wörtlich «Dienst», auch Bezeichnung für öffentliche Spiele, die Gladiatorenkämpfe und Tierhetzen umfassten

Naumachie: Seeschlacht mit verurteilten Verbrechern

palus: Übungspfahl der Legionäre und Gladiatoren; auch Bezeichnung für die Rangklassen der Gladiatoren

pompa: Umzug, z.B. Prozession vor einem *munus*

stantes missi: wörtlich «stehend entlassen»; Bezeichnung für das Unentschieden bei einem Gladiatorenkampf

venatio: Kämpfe wilder Tiere gegeneinander oder gegen Menschen

venator: Tierkämpfer

Kommentierte Literaturhinweise

Einführungen

Die umfangreichste Behandlung und immer noch ein Standardwerk für das Gladiatorenwesen der Republik und frühen Kaiserzeit ist die Monographie von Georges Ville, La gladiature en Occident des origines à la mort de Domitien, Rom 1981. Eine sehr gute Einführung in die Thematik liefert Thomas Wiedemann, Kaiser und Gladiatoren: die Macht der Spiele im antiken Rom, Darmstadt 2001 (englisch 1992), mit einem Schwerpunkt auf sozial- und kulturgeschichtlichen Fragen. Zu Bewaffnung und Kampftaktik maßgeblich ist die Auswertung experimentalarchäologischer Erkenntnisse durch Marcus Junkelmann, Gladiatoren. Das Spiel mit dem Tod, Mainz ²2008. Anschaulich und als erster Einstieg geeignet – nicht nur für Kinder – ist der vom selben Autor verfasste Band 82 der Reihe «Was ist Was?», Nürnberg 2010. Die wichtigen Befunde vom Gladiatorenfriedhof aus Ephesos wurden für einen Ausstellungskatalog ausgewertet und in den historischen Kontext gesetzt: Karl Großschmidt (Hrsg.), Gladiatoren in Ephesos: Tod am Nachmittag, Wien 2002.

Römische Spiele

Einen guten Überblick über die öffentlichen Spiele Roms liefert der Ausstellungsband Eckart Köhne/Cornelia Ewigleben (Hrsg.), Caesaren und Gladiatoren: die Macht der Unterhaltung im antiken Rom, Mainz 2000. Die Tierhetzen werden behandelt von Donald Kyle, Spectacles of Death in Ancient Rome, London/New York 1998, ihre ökologischen Auswirkungen von David Bomgardner, The Trade in Wild Beasts For Roman Spectacles: A Green Perspective, Anthropozoologica 16, 1992, 161–166. Zu den Hinrichtungen sehe man den substanziellen Aufsatz von Kathleen Coleman, Fatal Charades: Roman Executions Staged as Mythological Enactments, The Journal of Roman Studies 80, 1990, 44–73, zu den inszenierten Seeschlachten Gerald Cariou, La naumachie. Morituri te salutant, Paris 2009.

Amphitheater

Eine ausführliche Dokumentation der Baugeschichte des Kolosseums findet sich bei Ada Gabucci/Filippo Coarelli (Hrsg.), Il colosseo, Mailand 1999, eine kompakte Einführung in die Geschichte des berühmten

Baus liefern Keith Hopkins / Mary Beard, The Kolosseum, London 2005. Die komplizierte Bühnentechnik wurde untersucht und erklärt von Heinz-Jürgen Beste, Neue Forschungsergebnisse zu einem Aufzugssystem im Untergeschoß des Kolosseums, Römische Mitteilungen 106, 1999, 249–276. Die Entwicklungsgeschichte der Amphitheater behandeln Katherine Welch, The Roman Amphitheatre from its Origins to the Kolosseum, Cambridge 2007, und Tony Wilmott (Hrsg.), Roman Amphitheatres and *Spectacula*. A 21st-Century Perspective, Oxford 2009.

Gladiatorenkämpfe außerhalb Roms

Die Ausbreitung der Gladiatorenkämpfe im griechischen Osten des Reiches wurde behandelt von Louis Robert, Les gladiateurs dans l'Orient grec, Paris 1940, unter der Fragestellung der Akkulturation jüngst untersucht von Christian Mann, «Um keinen Kranz, um das Leben kämpfen wir!» Gladiatoren im Osten des Römischen Reiches und die Frage der Romanisierung, Berlin 2011. Dort findet sich auch ein Katalog der Grabinschriften von Gladiatoren im Osten, für den Westen ist die Reihe «Epigrafia anfiteatrale dell'Occidente Romano» maßgeblich (bislang acht Bände erschienen, Rom 1988–2011). Die Aufnahme von Gladiatorenkämpfen bei den Juden behandeln Marc Zvi Brettler / Michael Poliakoff, Rabbi Simeon ben Lakish at the Gladiator's Banquet. Rabbinic Observations on the Roman Arena, The Harvard Theological Review 83, 1990, 93–98.

Soziale Stellung der Gladiatoren

Den Rechtsstatus von Gladiatoren untersucht Gerhard Horsmann, Sklavendienst, Strafvollzug oder Sport? Überlegungen zum Charakter der römischen Gladiatur, in: Heinz Bellen (Hrsg.), Fünfzig Jahre Forschungen zur antiken Sklaverei an der Mainzer Akademie. Miscellanea zum Jubiläum, Stuttgart 2001, 225–241, das Alltagsleben auf inschriftlicher Grundlage Renata Garraffoni, Gladiator's Daily Lives and Epigraphy: a Social Archaeological Approach to the Roman munera during the Early Principate, Nikephoros 21, 2008, 223–241. Die ambivalente Beziehung unter den Gladiatoren wird behandelt von Kathleen Coleman, Bonds of Danger: Communal Life in the Gladiatorial Barracks of Ancient Rome, Sydney 2005, die Regeln und Absprachen von Michael Carter, Gladiatorial Combat. The Rules of Engagement, The Classical Journal 102, 2006, 97–114. Anhand der Grabsteine wird die Sozialstruktur und die Selbstdarstellung untersucht von Valerie Hope, Negotiating Identity and Status: The Gladiators of Roman Nîmes, in: Ray Laurence / Joanne Berry (Hrsg.), Cultural Identity in the Roman Empire, London / New York 1998, 175–195, zu den weiblichen Gladiatoren siehe Kathleen Coleman, «Missio» at Halicarnassus, Harvard Studies in Classical Philology 100, 2000, 487–500. Die Fragen der Finanzierung und die Rolle der *lanistae* wurden besprochen von Michael Carter, Gladiatorial ranking and the *SC de pretiis gladiatorum minuendis* (*CIL* II 6278 = *ILS* 5163), Phoenix 57, 2003, 83–114, und Guy Chamberland, A Gladiatorial Show Produced *in sordidam mercedem* (Tacitus *Ann.* 4,62), Phoenix 61, 2007, 136–149.

Erklärung der Gladiatorenkämpfe

Psychologische Erklärungsmodelle wurden häufig angewendet, zuletzt von Garrett Fagan, The Lure of the Arena: Social Psychology and the Crowd at the Roman Games, Cambridge/New York 2011. Keith Hopkins, Death and Renewal. Sociological Studies in Roman History, Volume 2, Cambridge 1983, erklärt die Beliebtheit der Gladiatorenkämpfe mit der hochgradigen Militarisierung der römischen Gesellschaft. Erik Gunderson, The Ideology of the Arena, Classical Antiquity 15, 1996, 113–151, sieht in den *munera* ein Propagandamittel des Kaisers, während Egon Flaig, Ritualisierte Politik. Zeichen, Gesten und Herrschaft im Alten Rom, Göttingen 2003, die Macht des Volkes im Amphitheater betont.

Ende und Rezeption der Gladiatorenkämpfe

Die Gründe für den Niedergang der Gladiatorenkämpfe im 4. Jahrhundert sind noch nicht ausreichend erforscht, Erklärungsansätze liefert Thomas Wiedemann, Das Ende der römischen Gladiatorenspiele, Nikephoros 8, 1995, 145–159. Eine Fülle von jüngerer Literatur befasst sich mit der Rezeption des antiken Rom im modernen Film, zum Beispiel Marcus Junkelmann, Hollywoods Traum von Rom. «Gladiator» und die Tradition des Monumentalfilms, Mainz 2004, und zwei von Martin Winkler herausgegebene Bände (Gladiator: Film and History, Malden 2004, und Spartacus: Film and History, Malden 2007).

Im Text genannte Quellen

Artemidor von Daldis: Das Traumbuch, übersetzt von K. Brackertz, München 1979.

M. Tullius Cicero: Gespräche in Tusculum, übersetzt von O. Gigon, München u.a. ⁶1992.

M. Tullius Cicero: Die politischen Reden, übersetzt von M. Fuhrmann. 3 Bde., Darmstadt 1993.

Cassius Dio: Römische Geschichte, übersetzt von O. Veh, Darmstadt ²2007.

Dion Chrysostomos: Sämtliche Reden, übersetzt von W. Elliger, Zürich u.a. 1967.

D. Iunius Iuvenalis: Satiren, übersetzt von J. Adamietz, München 1993.

C. Petronius Arbiter: Schelmengeschichten, übersetzt von K. Müller – W. Ehlers, München ²1978.

Philostratos: Das Leben des Apollonios von Tyana, übersetzt von Vr. Mumprecht, München – Zürich 1983.

C. Plinius Caecilius Secundus: Lobrede auf den Kaiser Trajan, übersetzt von W. Kühn, Darmstadt ²2008.

L. Annaeus Seneca: Die kleinen Dialoge, übersetzt von G. Fink. Bd. 1, München – Zürich 1992.

C. Suetonius Tranquillus: Die Kaiserviten, übersetzt von H. Martinet, Düsseldorf – Zürich ³2006.

P. Cornelius Tacitus: Annalen, übersetzt von E. Heller, Darmstadt ³1997.

Tertullian, Ausgewählte Schriften, übersetzt von H. Kellner, Kempten 1871.

Register

Sachen

Bildnachweis

Abb. 1:   akg-images / De Agostini Pict. Lib.
Abb. 2:   Museo Arqueologico Nacional, Madrid
Abb. 3:   Hermann Thörnig / Rheinisches Landesmuseum Trier
Abb. 4, 5, 6, 7: Illustrationen von Nikolai Smirnov aus WAS IST WAS
                Band 82, Titel: Gladiatoren, Tessloff Verlag, Nürn-
                berg 2010
Abb. 8:   Rijksmuseum van Oudheden, Leiden (Niederlande)
Abb. 9:   W. Schiele 1978 / DAI Istanbul, Neg. Nr. D-DAI-IST-R
                15.209
Abb. 10:   Musée royaux d'Art et d'Histoire, Brüssel, A. 1562
Abb. 11:   bpk / The Trustees of the British Museum
Abb. 12:   Fototeca Unione, American Academy in Rome, Inv.
                4370F
Abb. 13:   H. J. Beste / DAI Rom, Neg. Nr. D-DAI-Rom COL-
                00194
Abb. 14:   Katherine E. Welch, New York
Karte: Peter Palm, Berlin

C.H.BECK ✚ WISSEN

in der Beck'schen Reihe

Zuletzt erschienen: